高等职业教育交通运输数字化系列规划教材

隧道工程技术

徐 达　赵国峰　徐义洪　**主　编**
车　媛　孟祥竹　于可鑫　朱红斌　**副主编**

人民交通出版社股份有限公司
China Communications Press Co.,Ltd.

内 容 提 要

本书为高等职业教育交通运输数字化系列规划教材。全书共五章，内容包括：绪论，隧道的施工方法，不良地质和特殊地质段隧道施工，隧道开挖与出渣技术，辅助施工作业。

本书可作为高等职业院校道路桥梁工程技术专业、城市轨道交通工程技术专业及交通土建相关专业教材，也可作为相关专业工程技术人员的参考读物和培训教材。

本书配有二维码，读者可通过扫码查看相关视频、动画资源。教师可通过加入"职教路桥教学研讨群"（QQ:561416324）进行教学交流与研讨。

图书在版编目(CIP)数据

隧道工程技术/徐达,赵国峰,徐义洪主编.—北京：人民交通出版社股份有限公司,2018.12
高等职业教育交通运输数字化系列规划教材
ISBN 978-7-114-14732-6

Ⅰ.①隧… Ⅱ.①徐… ②赵… ③徐… Ⅲ.①铁路隧道—隧道工程—高等职业教育—教材 Ⅳ.①U459.1

中国版本图书馆 CIP 数据核字(2018)第 105313 号

高等职业教育交通运输数字化系列规划教材

书　　名：隧道工程技术
著 作 者：徐 达　赵国峰　徐义洪
责任编辑：任雪莲
责任校对：宿秀英
责任印制：刘高彤
出版发行：人民交通出版社股份有限公司
地　　址：(100011)北京市朝阳区安定门外外馆斜街 3 号
网　　址：http://www.ccpress.com.cn
销售电话：(010)59757973
总 经 销：人民交通出版社股份有限公司发行部
经　　销：各地新华书店
印　　刷：北京鑫正大印刷有限公司
开　　本：787×1092　1/16
印　　张：7.5
字　　数：180 千
版　　次：2018 年 12 月　第 1 版
印　　次：2020 年 7 月　第 3 次印刷
书　　号：ISBN 978-7-114-14732-6
定　　价：28.00 元

(有印刷、装订质量问题的图书由本公司负责调换)

编审委员会

主　任　王　彤
副主任　欧阳伟　顾　威
委　员　(按姓氏笔画排序)
　　　　　于可鑫　于国锋　于忠涛　才西月
　　　　　王力艳　王　东　王立争　王光远
　　　　　车　媛　毛海涛　田　兴　朱芳芳
　　　　　朱红斌　刘　波　杨晓林　李云峰
　　　　　李冬松　李立军　李冲光　李俊丹
　　　　　肖福星　迟长玉　张家宇　季成春
　　　　　周　烨　孟祥竹　孟祥辉　赵同峰
　　　　　赵旭东　赵国峰　哈　娜　徐义洪
　　　　　徐　达　徐　刚　曹英浩　霍君华

联合建设单位：
　　　　辽宁省交通高等专科学校
　　　　中交路桥北方工程有限公司
　　　　中国铁路沈阳局集团有限公司
　　　　中铁四院集团岩土工程有限责任公司
　　　　辽宁五洲公路工程有限责任公司
　　　　辽宁省交通建设管理有限责任公司
　　　　辽宁省铁岭县交通局
　　　　沈阳市市政工程设计研究院
　　　　沈阳市苏家屯区公共资源交易管理办公室
　　　　沈阳市政集团有限公司
　　　　沈阳砼行建筑材料科技有限公司
　　　　沈阳振达公路工程有限公司

序

《国务院关于加快发展现代职业教育的决定》(国发〔2014〕19号)明确指出:"高等职业教育承担着优化高等教育结构和人力资源结构的重要使命"。2016年,辽宁省交通高等专科学校承担了教育部《高等职业教育创新发展行动计划(2015—2018年)》骨干专业建设任务,几年来,我校高等职业教育交通运输类专业始终坚持走内涵发展道路,密切产学研合作,形式以"设计勘察、预算招标、施工管理、现场检测、竣工验收"五个能力培养为核心,对交通产业转型升级,形成了"产教融合、同步升级、层级递进"的高职人才培养模式。对接职业岗位需求,构建"技能型岗位、技术型岗位、复合型岗位"三级递进的专业培养目标;对接岗位工作内容开发"基本素质课程、通用职业课程和岗位职业课程"三级递进课程体系;对接职业岗位技能设计"基本技能训练、专项技能训练和综合技能训练"三级递进实践教学体系;对接职业成长规律设计"基本素质教育、职业素质养成、社会能力培养"三级递进的素质教育过程。适应现代交通产业发展,培养复合式、创新型、发展型技术技能型人才的需要。

本套数字化教材是交通运输高等职业教育骨干专业的重要成果之一,是全体专业教师、一线工程技术人员共同的智慧和劳动成果。该教材实现了纸质教材与数字化资源的完美结合,具有以下特色:

(1)教材从岗位核心能力入手,突出专业化与岗位技术相适应,明确了人才的培养方向,更加适应高职技术教育改革的教学理念。

(2)教材注重学习者的认知逻辑和学习效能,从知识、技能的逻辑性入手,用浅显生动的语言描述配以丰富的资源展示,使学习者学习轻松、运用自如。

(3)教材与数字化资源配套使用,对教与学双向辅助,有效地保证学习者对资源的有效检索和运用,形成了以学习者为中心的教育形式。

（4）教材紧跟生产技术一线，符合行业标准和技术规范，融合新技术、新工艺，再现真实环境下的岗位核心技能，具有较强的实践指导性。

辽宁省交通高等专科学校校长

2018 年 4 月

前　言

目前,我国正处于经济的高速发展期,城市轨道交通已经从稳步发展阶段逐渐过渡到快速发展阶段。特别是近15年来,在国家政策的大力引导下,部分城市在远景规划中逐渐加大了轨道交通的建设力度,轨道交通的发展速度、规模和现代化水平均呈现出健康、积极的趋势。城市轨道交通是城市公共交通的一个重要组成部分,发达的城市轨道交通对目前城市交通拥挤状况具有显著缓解作用,可以更充分地发挥城市功能、改善城市生活环境。在发达的一线城市中,轨道交通已经逐渐成为市内主要公共交通手段,是公共交通的主动脉。预计到2020年,我国大约有40个城市将发展轨道交通,总规划里程7 000km左右。

本书在撰写过程中,得到了辽宁省交通建设管理有限责任公司所给予的大力支持,在其帮助下收集了大量的工程实例,并对这些工程实例和隧道工程相关论文资料进行了分析研究和总结。本书结合了我国隧道工程的标准规范和规程,理论分析全面深入,实践应用性强,内容丰富,可作为城轨交通工程专业学生教材。

编者根据高等职业教育城市轨道运输专业的人才培养目标,结合隧道与地下工程的新工艺、新技术,以及高等职业教育的特性,采取以理论和工程项目相结合的形式组织教材内容。本书在充分阐明理论的基础上,更好地将知识与实践结合起来,用以培养具有解决实际问题能力,对施工流程、设计理解充分的技术型人才。

由于编者水平有限,加之时间仓促,书中难免有谬误之处,敬请读者批评指正。

编　者
2018年5月

目　　录

第一章　绪论 ………………………………………………………………… 1
第一节　隧道的建筑及发展史 ………………………………………… 2
第二节　隧道的结构组成 ……………………………………………… 7
思考题 …………………………………………………………………… 14

第二章　隧道的施工方法 …………………………………………………… 15
第一节　矿山法 ………………………………………………………… 15
第二节　新奥法 ………………………………………………………… 16
第三节　洞口施工 ……………………………………………………… 19
第四节　辅助施工方法 ………………………………………………… 21
第五节　明挖法 ………………………………………………………… 24
第六节　盖挖法 ………………………………………………………… 25
第七节　浅埋暗挖法 …………………………………………………… 27
第八节　盾构法 ………………………………………………………… 30
第九节　轨道工程施工 ………………………………………………… 34
思考题 …………………………………………………………………… 51

第三章　不良地质和特殊地质段隧道施工 ………………………………… 52
第一节　概述 …………………………………………………………… 52
第二节　膨胀土体地段隧道施工 ……………………………………… 53
第三节　黄土地段隧道施工 …………………………………………… 60
第四节　岩溶地段隧道施工 …………………………………………… 66
第五节　隧道塌方的处理 ……………………………………………… 71
第六节　不良地质段地铁隧道施工 …………………………………… 77
思考题 …………………………………………………………………… 80

第四章　隧道开挖与出渣技术 ……………………………………………… 81
第一节　掘进方式 ……………………………………………………… 81
第二节　施工机具 ……………………………………………………… 83
第三节　出渣运输 ……………………………………………………… 88
思考题 …………………………………………………………………… 90

第五章　辅助施工作业 ……………………………………………………… 91
第一节　供风、通风与防尘 …………………………………………… 91

第二节　施工供水与排水 …………………………………………………… 100
　　第三节　供电与照明 ………………………………………………………… 103
　　思考题 ………………………………………………………………………… 107
参考文献 …………………………………………………………………………… 108

第一章 绪 论

隧道是建筑在岩体中、土中或水底的,两端有出口,供车辆、行人、水流及管线等通过的通道,包括公路隧道、铁路隧道、水底隧道、海底隧道以及各种水工隧洞等,如图1-1所示。

a)公路隧道

b)铁路隧道

c)水底隧道

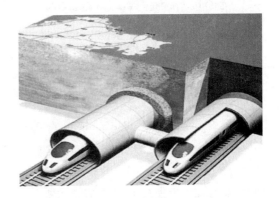
d)海底隧道

图1-1 隧道的常见类型

世界上第一条交通隧道是公元前2180至前2160年在巴比伦城中幼发拉底河下修建的人行通道;我国在公元前8至公元前3世纪就有深达40m的铜矿矿井(竖井和斜井),春秋时期(公元前770至前476年)就有"隧而相见"的史实。此后,随着蒸汽机和硝化甘油炸药的出现,以及铁路和炼钢工业的发展,隧道施工的技术及速度得到了进一步发展。但直到20世纪50年代,人们才总结出各种类型隧道工程规划、设计和施工的基本原理,隧道工程逐渐成为土木工程中一个独立的工程领域。

第一节 隧道的建筑及发展史

一、隧道工程的历史

自英国于 1826 年起在蒸汽机车牵引的铁路上开始修建长 770m 的泰勒山单线隧道和长 2 474m 的维多利亚双线隧道以来,英、美、法等国相继修建了大量铁路隧道。19 世纪共建成长度超过 5km 的铁路隧道 11 座,有 3 座超过 10km,其中,最长的为瑞士的圣哥达铁路隧道,长 14 998m,全长约 57 000m,如图 1-2 所示。19 世纪 20 年代蒸汽机的出现,以及铁路和炼钢工业的发展,也促进了隧道工程的发展。1826—1830 年英国在利物浦硬岩中修建了两座最早的铁路隧道。1843 年在英国泰晤士河修建了第一条水底道路隧道。1892 年通车的秘鲁加莱拉铁路隧道,海拔 4 782m,是现今世界海拔最高的标准轨距铁路隧道。目前,我国青藏铁路风火山隧道为世界海拔最高的单线铁路隧道,如图 1-3 所示。在 19 世纪 60 年代以前,隧道都用人工凿孔和黑火药爆破方法施工。1861 年修建穿越阿尔卑斯山脉的仙尼斯峰铁路隧道时,首次应用风动凿岩机代替人工凿孔(相关资源见二维码 1)。1867 年在修建美国胡萨克铁路隧道时,开始采用硝化甘油炸药代替黑火药,使隧道施工的技术及速度得到了进一步发展。

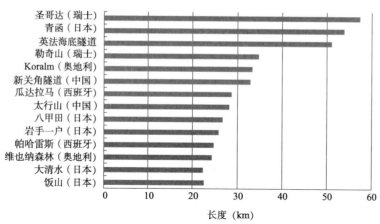

1-人工开挖

图 1-2 世界上最长的隧道

图 1-3 风火山隧道

在 20 世纪初期,欧洲和北美洲一些国家的铁路逐渐形成铁路网,建成的 5km 以上长隧道有 20 座,其中最长的是瑞士和意大利间的辛普朗铁路隧道,长 19.8km。美国长约 12.5km 的新喀斯喀特铁路隧道和加拿大长约 8.1km 的康诺特铁路隧道都采用中央导坑法施工,其施工平均年进度分别为 4.1km 和 4.5km,是当时最快的施工进度。至 1950 年,世界上拥有铁路隧道较多的国家有意大利、日本、法国和美国。日本至 20 世纪 70 年代末共建成铁路隧道约 3 800 座,总延长约 1 850km,其中 5km 以上的长隧道达 60 座,是当时世界上铁路长隧道最多的国家。1974年建成的新关门双线隧道,长18 675m,是当时世界上最长的海底铁路隧道。1981年建成的大清水双线隧道,长22 228m,是当时世界上最长的山岭铁路隧道。连接本州和北海道的青函海底隧道,长达53 850m,是当今世界最长的海底铁路隧道。

20世纪60年代以来,隧道机械化施工水平有很大提高,全断面液压凿岩台车和其他大型施工机具相继用于隧道施工。喷锚技术的发展和新奥法的应用为隧道工程开辟了新的途径。掘进机的采用彻底改变了隧道开挖的钻爆方式。盾构构造不断完善,已成为在松软地层和含水地层中修建隧道最有效的工具。

二、隧道设计与计算理论的发展

隧道结构工程特性、设计原则和方法与地面结构完全不同,隧道结构是由周边围岩和支护结构两者共同组成并相互作用的结构体系。各种围岩都是具有不同程度自稳能力的介质,即周边围岩在很大程度上是隧道结构承载的主体,对其承载能力必须充分利用。隧道衬砌的设计计算必须结合围岩自承能力进行,隧道衬砌除必须保证有足够的净空外,还要求有足够的强度,以保证在使用期限内结构物有可靠的安全度。显然,对不同形式的衬砌结构物应该用不同的方法进行强度计算。

隧道建筑虽然是一门古老的建筑结构,但其结构计算理论却形成较晚。从现有资料来看,隧道结构最初的计算理论形成于19世纪。后来,随着建筑材料、施工技术和量测技术的发展,隧道结构计算理论也逐步得到完善和发展。直到20世纪50年代,人们才总结出各种类型隧道工程规划、设计和施工的基本原理,在土木工程中逐渐形成一个独立的工程领域。

最初的隧道衬砌使用砖石材料,其结构形式通常为拱形。由于砖石以及砂浆材料的抗拉强度远低于抗压强度,隧道衬砌结构的截面厚度常常很大,所以结构变形很小,可以忽略不计。因为构件的刚度很大,故将其视为刚性体。在计算时,按静力学原理确定其承载时压力线的位置,检算结构强度。

在19世纪末,混凝土已经是广泛使用的建筑材料,它具有整体性好、可以在现场根据需要进行模注等特点。这时,隧道衬砌结构是作为超静定弹性拱计算的,但仅考虑作用在衬砌上的围岩压力,而未将围岩的弹性抗力计算在内,忽视了围岩对衬砌的约束作用。由于把衬砌视为自由变形的弹性结构,因而,通过计算得到的衬砌结构厚度很大,过于安全,后来这种计算方法已经不再使用了。进入20世纪后,人们通过长期观测,发现围岩不仅对衬砌施加压力,同时还约束着衬砌的变形。围岩对衬砌变形的约束,对改善衬砌结构的受力状态有利,不容忽视。衬砌在受力过程中的变形,在一部分结构中有离开围岩形成"脱离区"的趋势,而在另一部分结构中会压紧围岩形成所谓"抗力区",如图1-4所示。在抗力区内,约束着衬砌变形的围岩,相应地产生被动抵抗力,即"弹性抗力"。抗力区的范围和弹性抗力的大小,因围岩性质、围岩压力大小和结构变形的不同而不同。但是,人们对这个问题有不同的见解,形成了局部变形理论和共同变形理论。

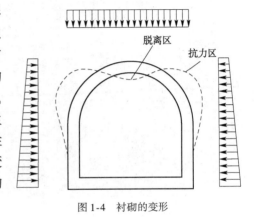

图1-4 衬砌的变形

地下工程支护结构理论的一个重要问题是如何确定作用在地下结构的荷载以及如何考虑围岩的承载能力。从这方面来讲,支护结构计算理论的发展大概可分为以下3个阶段。

1. 刚性结构阶段

将地下结构视为刚性结构的压力线理论。压力线理论认为,地下结构是由一些刚性块组成的拱形结构,所受的主动荷载是地层压力,当地下结构处于极限平衡状态时,它是由绝对刚体组成的三铰拱静定体系,铰的位置分别假设在墙底和拱顶,其内力可按静力学原理进行计算。

2. 弹性结构阶段

按弹性连续拱形框架用超静定结构力学方法计算结构内力。作用在结构上的荷载是主动的地层压力,并考虑了地层对结构产生的弹性反力的约束作用。

这类计算理论认为,当地下结构埋置深度较深时,作用在结构上的压力不是上覆岩层的重力而只是围岩坍落体积内松动岩体的重力——松动压力。

(1)假定弹性反力阶段。衬砌在承受岩体所给的主动压力作用产生弹性变形的同时,将受到地层对其变形的约束作用。地层对衬砌变形的约束作用力就称为"弹性反力"。

(2)弹性地基梁阶段。将隧道边墙视为支承在侧面和基底地层上的双向弹性地基梁,计算在主动荷载作用下拱圈和边墙的内力。

3. 连续介质阶段

用连续介质力学理论计算地下结构内力。这种计算方法以岩体力学原理为基础,认为坑道开挖后向洞室内变形而释放的围岩压力将由支护结构与围岩组成的地下结构体系共同承受。一方面,围岩本身由于支护结构提供了一定的支护阻力,从而引起应力调整达到新的平衡;另一方面,由于支护结构阻止围岩变形,它必然会受到围岩给予的反作用力而发生变形。这种反作用力和围岩的松动压力极不相同,它是支护结构与围岩共同变形过程中对支护结构施加的压力,称为"形变压力"。

三、我国隧道工程的发展现状

我国在公元前8世纪至前3世纪就有深达40m的铜矿矿井(竖井和斜井)。春秋时代(公元前770至前476)就有"隧而相见"的史实。今陕西大荔县铁镰山还发现古代修筑的水底隧道。

我国在1898—1904年修建了长度为3 078m的兴安岭隧道,这是当时亚洲最长的宽轨铁路隧道(图1-5)。这一时期最具代表性的隧道工程是由我国杰出工程师詹天佑亲自规划和督造的京张铁路八达岭隧道,全长共1 091m,工期仅用了18个月,于1908年建成。这是我国自行修建的第一座越岭铁路隧道。

1887—1889年在台湾省台北至基隆窄轨铁路上修建的狮球岭隧道,是中国的第一座铁路隧道,全长261m。此后,又在京汉、中东、正太(又叫石太)等铁路线上修建了一些隧道。京张铁路

图1-5 兴安岭隧道

关沟段修建的4座隧道,是用我国自己的技术力量修建的第一批铁路隧道。其中最长的八达岭铁路隧道长1 091m,于1908年建成。中国在1950年以前,仅建成标准轨距铁路隧道238座,总延长89km。

1949年中华人民共和国成立后,我国的铁路建设进入了新的发展时期。在其后半个世纪的时间里,我国隧道建设大致可分为4个阶段,每个阶段均有显著的技术进步和突破。

1. 我国隧道建设的起步阶段

20世纪50年代至60年代初,是中华人民共和国第一代隧道建设工程。该阶段采用钻爆法施工,以人工和小型机械凿岩、装载为主,临时支护采用原木支架和扇形支撑。隧道施工基本无通风,由于技术水平落后,人工伤亡事故时有发生。

该阶段的主要标志性工程是位于川黔铁路上的凉风垭隧道(图1-6)。该隧道长4 270m,于1959年6月贯通。凉风垭隧道首次采用平行导坑和巷道式通风,为长隧道施工积累了宝贵的经验。

2. 我国隧道建设的发展阶段

20世纪60年代至80年代初,是我国第二代隧道工程建设时期。

该阶段的代表性工程有位于京原铁路上的驿马岭隧道,全长7 032m,1967年2月开工,1969年10月竣工。该隧道也是这一时期修建的最长的隧道。这一时期隧道工程施工机具的

图1-6 凉风垭隧道

装备有了较大的改善,普遍采用带风动支架的凿岩机、风动或电动装载机、混凝土搅拌机、空压机和通风机等。在成昆铁路的隧道施工中还采用了门架式凿岩台车和槽式运渣列车。

在隧道支护方面,采用了锚杆喷射混凝土技术,这是隧道施工技术的重要里程碑。由于采用这项技术主动控制了地层环境,较好地解决了施工安全问题。

1964年,国家重点加强西南大三线建设,川黔、贵昆、成昆三线全面复工。这些铁路线中隧道比例大,隧道开工数量猛增,迎来了隧道建设的大发展。

成昆铁路工程浩大,举世瞩目,全线共有425座隧道,总延长344.7km,占线路长度的31.6%,其中,2km以上的34座,3km以上的9座,成为控制工期的关键工程。沙木拉达隧道全长6 379m,线路高程2 244.14m,是成昆铁路最长与最高的隧道。关村坝隧道全长6 107m,是成昆铁路第二长隧道,它是北段控制铺轨的大门,为集中力量攻坚的重点工程之一,快速施工成为该隧道的主题,施工中创造了多项新纪录。岩脚寨隧道位于贵昆铁路安顺至六枝间,全长2 715m,隧道横穿贵州普定郎岱煤田的大煤山,共穿过7层煤层,厚度最大达8.92m,含三级瓦斯。这也是我国第一条穿越大量瓦斯的隧道。该隧道于1965年10月竣工,正式运营后情况良好,为以后瓦斯地层的隧道施工积累了经验。

经过20世纪50~60年代实践经验的积累,从70年代起,我国逐步开始学习国外的先进经验,引进国外的先进机具,逐渐形成一整套的隧道施工技术。例如,针对不同的地质条件采用不同的施工方法,对于长隧道则充分利用辅助坑道等有效措施,并形成了一套应对自然灾害的方法和措施。

自20世纪50年代以来,我国隧道修建数量大幅度增加,1950—1984年共建成标准轨距铁路隧道4 247座,总延长2 014.5km,成为世界上铁路隧道最多的国家之一。此外,当时我国还建有窄轨距铁路隧道191座,总延长23km。截至1984年,我国共建成5km以上长隧道10座,最长者为京原铁路的驿马岭铁路隧道,长7 032m。

3. 我国隧道建设的技术突破与创新阶段

20世纪80年代中期至90年代中期,是我国第三代隧道工程建设时期。

作为我国隧道修建史的一个里程碑,衡广铁路复线的大瑶山双线隧道是这一时期最典型的代表(图1-7),隧道全长14 295m,于1987年建成。这是我国20世纪建成的最长的双线铁路隧道,当时名列世界第十。大瑶山隧道实现了大断面施工,并逐渐成为我国长大隧道的修建模式。该成果于1992年获国家科技进步特等奖。

图1-7 大瑶山隧道

4. 我国隧道建设的高速发展阶段

进入20世纪90年代中期,我国隧道修建技术达到了世界先进水平。这一时期的标志性工程是位于西康铁路的秦岭隧道,全长18 460m。该隧道在施工中,采用了当时最先进的全断面隧道掘进机技术,即TB技术。以该隧道技术的应用为代表,证明了我国隧道修建技术已达到世界先进水平,这是一个新的里程碑。一位外国隧道专家得知秦岭隧道贯通后感慨地说:"就隧道修建的技术进步来说,中国用20年的时间走完了发达国家50年甚至100年走完的路程。"

西成客运专线已建成,这是我国第一条穿越秦岭的高速铁路。西成铁路以隧道群的方式穿越秦岭,如图1-8所示。西成铁路秦岭山区隧道群首次采用25‰的大坡度,且大坡道持续段落长达46km,这在国内山区高标准现代化铁路建设中属首次尝试。由于山区持续大坡道对动车的牵引制动、牵引供电、运营安全和运营能力等有重要影响,需攻克诸多关键技术难题。

近十余年来,随着我国高等级公路和高速公路建设的兴起,公路隧道的建设速度也很快。至今已建成公路隧道450多座,总长超过120km。其中长度在1km以上的有80座,超过4km的有4座。

在水工建设方面,已建和在建的水工隧洞超过400条,总长约400km。其中二滩水电站的导流洞长1 100m、宽23m、高7.5m,是目前我国建造断面最大的水工隧洞。由于水工隧洞断面通常较小,而且多为圆形,因此常采用隧道掘进机修建。

此外,我国还分别在广州、宁波、香港和台湾等地修建了7座沉管隧道。

图 1-8 西成客运专线穿越秦岭的隧道

中国铁路隧道约有半数以上分布在川、陕、云、贵 4 省。成昆、襄渝两条铁路干线隧道总延长分别为 342km 及 282km，占线路总长的比率分别为 31.6% 和 34.3%。

四、发展趋势

在隧道工程中，喷锚支护有可能取代构件支撑。喷锚支护的主要优点是支护及时、安全可靠，并能节约大量木材和钢材。欧洲一些国家在较弱地层的大断面爆破后，采用长锚杆结合喷混凝土做支护，已获得成功。中国亦曾在老黄土隧道开挖中使用喷锚支护。自喷锚支护发展后，对较弱岩层也可进行全断面开挖，以全断面开挖取代分部开挖。

在岩石地层中采用全断面开挖及喷混凝土衬砌，其质量好坏首先取决于光面爆破质量。运用新奥法原理，考虑围岩自身的承载能力，可在坑道爆破后尽早采用单喷或喷锚作初期支护，随即连续量测位移，判定围岩的基本稳定时间，再进行二次支护，这样可以建成较经济的衬砌结构。

现代地下采矿与隧道工程要求成本集约，施工安全，采矿的机器设备必须安全可靠，并紧密跟随工业持续提高的生产力与飞速发展的经济步伐。掘进机开挖法正在不断研究改进，并生产出各种新机械，其应用有广阔前景。液压凿岩机不断更新完善，使隧道开挖进度大大提高。光电测量仪器和激光导向设备的使用，使长隧道施工的精确程度有所提高。目前，航空勘测、遥感技术、物探技术、岩层中应力应变的量测技术、电子计算机技术等的广泛应用，使隧道勘测设计的技术水平也得到很大提高。精确爆破技术、水平钻探技术和预灌浆技术的不断提高，能进一步提高隧道开挖过程的安全性，并能提升隧道工程的施工质量。

第二节 隧道的结构组成

一、隧道的特点

隧道有如下特点（相关资源见二维码 2）：

（1）它是交通运输路线穿越天然障碍，包括山岭、丘陵、土层、水（海）域等的有效方法。

（2）穿越的地质条件复杂多变，遇到的意外情况较多，工程定位、设计、施工方法都必须随时做出相应的调整。

2-隧道工程特点

(3)施工作业面窄,可容纳的劳动力和机械设备都受到限制,对工业化和机械化施工要求高。

(4)造价昂贵。

二、隧道的分类

(1)按隧道所处的地质条件分类,可分为土质隧道和石质隧道,如图 1-9 所示。

a)土质隧道

b)石质隧道

图 1-9 隧道按所处的地质条件分类

(2)按隧道埋置深度分类,可分为浅埋隧道和深埋隧道。

(3)按隧道所处位置分类,可分为山岭隧道、水底隧道和城市隧道。

(4)按隧道用途分类,可分为交通隧道、水工隧道、市政隧道和矿山隧道,如图 1-10 所示。

a)交通隧道

b)水工隧道

c)市政隧道

d)矿山隧道

图 1-10 隧道按用途分类

三、隧道的构造

公路隧道结构由主体构造物和附属构造物组成。

主体构造物是为了保持岩体稳定和行车安全而修建的人工永久建筑物,一般包括洞身支护结构(衬砌)和洞门结构(端墙和翼墙),其示意图如图1-11所示。

附属构造物是指主体构造物以外保证隧道运营管理、维修养护、给水排水、供电、通风、照明、通信和安全等而修建的构造物。

1. 隧道支护结构

隧道的支护结构通常指的是衬砌结构。隧道开挖后为了保持围岩的稳定性,一般需要支护,也就是进行衬砌。

(1)整体式模筑混凝土衬砌。即就地灌注模筑混凝土衬砌,也称为"单层衬砌",其工艺流程为立模—灌注—养护—拆模。一般情况下衬砌材料为素混凝土,该类衬砌技术成熟,适应多种围岩条件,当围岩条件很差时,可考虑该形式的衬砌。其特点是衬砌整体性好,抗渗性强,易于按需要修建成型。其结构形式如图1-12所示。

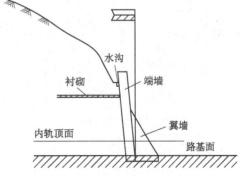

图1-11 隧道主体构造示意图

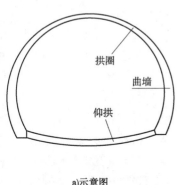
a)示意图

b)施工现场

图1-12 整体式模筑混凝土衬砌

(2)拼装式衬砌。将衬砌分成若干个环块,在预制厂或工地生产,然后运到洞内拼装而成。环块一般为钢筋混凝土,如图1-13所示。其特点是衬砌承载快、便于机械化施工。目前多在使用盾构法施工的城市地下铁道和水底隧道中采用。

(3)锚喷式衬砌。模筑混凝土衬砌和拼装式衬砌均为被动地承受围岩压力的支护结构,而锚喷式衬砌则是一种主动地加强围岩稳定性的支护结构,它采用的支护材料是喷射混凝土、锚杆、钢筋网,如图1-14所示。锚喷式衬砌是一种既作为隧道临时支护,又作为隧道永久结构的形式,其特点是可以提高围岩的自承能力。

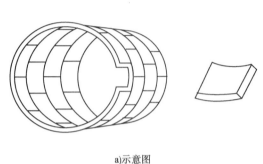

a)示意图　　　　　　　　　　　b)实例

图 1-13　拼装式衬砌

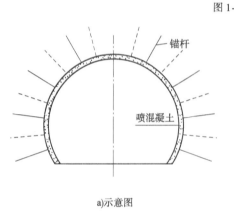
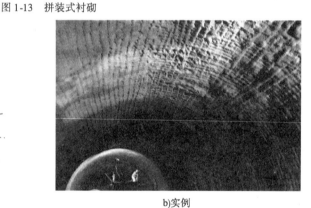

a)示意图　　　　　　　　　　　b)实例

图 1-14　锚喷式衬砌

（4）复合式衬砌。不同于单层厚壁的模筑混凝土衬砌,它把衬砌分成两层或两层以上,可以是同一种形式、方法和材料施作的,也可以是不同形式、方法、时间和材料施作的。通常,其靠近岩壁一侧的是锚喷式衬砌,洞内一侧的是整体式模筑混凝土衬砌,在地下水发育的底层中,可以在两层衬砌之间夹一层防水层用于防水,其结构示意图如图 1-15 所示。其特点是既有整体式模筑混凝土衬砌表面光滑、美观和抗渗性强的特点,又有锚喷式衬砌能提高围岩自承能力的特点,而且有防水效果好的优点。我国铁路隧道、高等级公路隧道已普遍采用复合式衬砌。

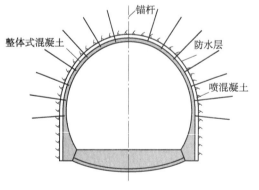

图 1-15　复合式衬砌

2. 隧道洞门结构

洞门（隧道门的简称,通常也泛指隧道门及明洞门）,是隧道两端的外露部分,是隧道洞口用圬工砌筑用以保护洞口、排放流水并加以建筑装饰的支挡结构物。它连接衬砌和路堑,是整个隧道结构的主要组成部分,也是隧道进出口的标志。

洞门的作用是减少洞口土石方开挖量,降低仰坡开挖高度,承受山体推力并支撑边仰坡的稳定,确保洞口行车安全。常见洞口类型有以下几种。

（1）洞口环框。当隧道洞口仰坡极为稳定,岩层坚硬,节理不发育,不易风化,且地形陡峻无排水要求时,可以将洞口段衬砌加厚,形成洞口环框,主要起加固洞口衬砌和减少洞口雨后滴水对洞口段的侵蚀作用,并对洞口进行简单的装饰,不承载压力。其结构如图 1-16 所示。

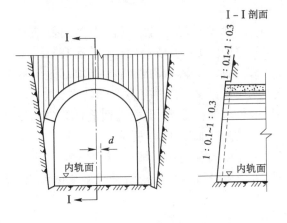
a)示意图

b)实例

图 1-16　洞口环框

（2）端墙式洞门。适用于地形开阔、石质较稳定的地区,由端墙、洞门顶和排水沟组成。端墙的作用是抵抗山体的纵向推力及支持洞口正面上的仰坡,保持其稳定。洞门顶排水沟用来将仰坡流下的地表水汇集后排走。其结构如图 1-17 所示。

（3）翼墙式洞门。当洞门地质较差,山体纵向推力较大时,可以在端墙式洞门的单侧或双侧设置翼墙。翼墙在正面起抵抗山体的纵向推力、增加洞门的抗滑及抗倾覆能力的作用。两侧面保护路堑边坡,起挡土墙的作用。翼墙顶面与仰坡的延长面坡度相一致,其上设置水沟,将洞门顶水沟汇集的地表水引至路堑侧沟内排走。其结构形式如图 1-18 所示。

图 1-17　端墙式洞门

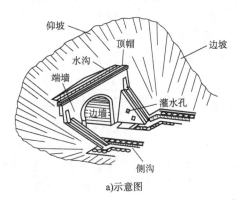
a)示意图

b)实例

图 1-18　翼墙式洞门

(4)柱式洞门。当地势陡峭,仰坡有下滑的可能性,又受地质或地形条件的限制,不能设置翼墙时,可在端墙中设置2个(或4个)断面较大的墩柱,以增加端墙的稳定性。其结构形式如图1-19所示。

(5)台阶式洞门。当洞门位于傍山侧坡地区,洞门一侧边坡仰坡较高时,为了提高靠山侧仰坡起坡点,减少仰坡高度,将端墙顶部改为逐渐升高的台阶形式,以适应地形的特点,减少洞门圬工及仰坡开挖数量,也能起到美化洞门的作用。其结构形式如图1-20所示。

图1-19 柱式洞门

(6)斜交式洞门。当隧道洞口线路与地面等高线斜交时,为了缩短隧道长度,减少挖方数量,可采用平行等高线与线性成斜交的洞口。其结构形式如图1-21所示。

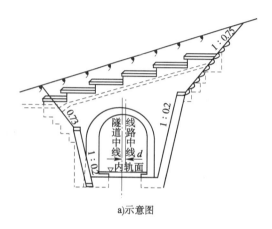

a)示意图

b)实例

图1-20 台阶式洞门

(7)突出式洞门。当洞口为松软的堆积层时,应避免大刷坡、边坡,一般宜采用接长明洞,恢复原地形地貌的办法,此时可采用突出式洞门,其结构形式如图1-22所示。突出式洞门与环框式洞门非常相似,但洞口坡面较平缓,一般与自然地形坡度相一致。突出式洞门两侧边墙与翼墙一样能够起保护路堑边坡的作用,洞门四周恢复自然植被原状,或重新栽植根系发达的树木等,以使仰坡和边坡稳定。如果具备条件,在引道两旁边沟外侧可以栽植乔木,形成林荫道,对洞外减光十分有益,倾斜的洞门还有利于向洞内散射自然光,增加入口段的亮度。在高速铁路隧道中,为减缓高速列车的空气动力学效应,对于单线隧道,一般将洞口设置为喇叭口式作为缓冲段,兼作隧道洞门。喇叭口式洞门如图1-23所示。

3. 附属构造物

(1)紧急停车带与方向转换场的设置。超过2km的长隧道、特长隧道应设置车道加宽带或紧急停车带,如图1-24所示。长大隧道中,单向交通时,还应设置横通道;对向交通时,应设置方向转换(即掉头)场,或称"回车道设施"。

图1-21　斜交式洞门

图1-22　突出式洞门

图1-23　喇叭口式洞门

图1-24　隧道的紧急停车带

对于紧急停车带,隧道内一般每隔500～800m设置一处,汽车专用隧道取500m间隔设置,混合交通隧道可取800m间隔设置。紧急停车带的有效长度,一般考虑全挂车可以进入需20m,最低值为15m;宽度一般为2.5～3.0m。紧急停车带的常见尺寸为长25m×宽2.5m。隧道内的缓和路段施工复杂,所以,通常将停车带两端各延长5m左右即可。对向行车隧道的紧急停车带,一般应交错设置,如图1-25所示,交错设置的间距可根据隧道长度进行适当调整。

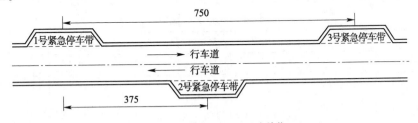

图1-25　交错布设示意图(尺寸单位:m)

(2)防排水设施设置。由于隧道的渗漏水以及路面的积水,会造成洞内通风、照明、供电等设备锈蚀,使路面积水或结冰,造成汽车打滑现象,危及行车安全。在严寒地区,冬季渗入洞内的水结成冰凌,侵入净空限界,也会危及行车安全。因此,隧道的防排水设施的设置是不可忽略的,设置的原则是"防、排、堵、截结合,因地制宜,综合治理"。

①截水。截水就是在隧道以外将地表水和地下水疏导截流,使水无法进入隧道工程范围内。措施:上游泄水洞、井点降水、开沟疏导等。

②防水。它是指衬砌防水,即防止地下水从衬砌背后渗入隧道内。防水的形式包括防水混凝土结构、止水带以及防水层等。外贴式防水层适用于明挖结构,内贴式防水层适用于复合衬砌。

③堵水。针对渗漏水地段,采用注浆、喷涂、堵水墙等办法,充填支护与围岩之间的空隙,堵住地下水的通路,不使其渗入隧道。堵水的结构形式有喷射混凝土堵水、塑料板堵水、模筑混凝土衬砌堵水以及注浆堵水等。

④排水。利用盲沟、泄水管、渡槽、中心排水沟或排水侧沟等排水设备,将水排至洞外,如图 1-26 所示。隧道排水设计一般应考虑如下几方面:隧道内纵向应设排水沟,横向应设排水坡;遇围岩地下水出露处,宜在衬砌背后设竖向盲沟或排水管(槽)等予以引排;根据工程地质和水文地质条件,应在衬砌外设环向盲沟、纵向盲沟和隧底排水盲沟,组成完整的排水系统,保证道床不积水;当地下水发育,含水层明显,又有长期补给来源,洞内水量较大时,可利用辅助坑道或设置泄水洞等进行排水。

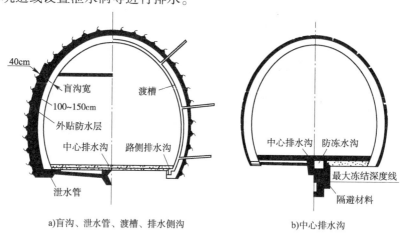

图 1-26　排水设施

(3)消防设施。不同等级的隧道,其消防设施均会因交通流量和长度不同而要求不同。高速公路、一级公路的隧道,根据隧道等级,可参照表 1-1 设置紧急救灾设施。

紧急救灾设施的设置标准　　　　　　　　　　　　　表 1-1

紧急救灾设施	特长隧道	长隧道	中隧道	短隧道
通报设施	√	√	√	
警报设施	√	√	√	
灭火设施	√	√		
其他设施	√			

思 考 题

1. 简述我国隧道建设的发展史。
2. 我国隧道的建设过程中有哪些技术的突破与创新?

第二章 隧道的施工方法

第一节 矿 山 法

一、矿山法的定义

矿山法是一种传统的施工方法,是人们在长期的施工实践中发展起来的。它是以木或钢构件作为临时支撑,待隧道开挖成型后,逐步将临时支撑撤换下来,而代之以整体式厚衬砌作为永久性支护的施工方法。因借鉴矿山开拓巷道的方法,故得此名。由于它总是与钻眼和爆破技术联系在一起,因此,它又被称为"钻爆法"。矿山法是山岭隧道最常用的施工方法,我国的铁路、水路、公路等地下通道绝大多数都采用此种方法修筑。

二、矿山法的原理

用矿山法施工时,将整个断面分部开挖至设计轮廓,并随之修筑衬砌。当地层松软时,可采用简便挖掘机具挖掘,并根据围岩稳定程度,在需要时边开挖边支护。分部开挖时,断面上最先开挖导坑,再由导坑向断面设计轮廓扩大开挖。分部开挖主要是为了减少对围岩的扰动,分部的大小和多少视地质条件、隧道断面尺寸和支护类型而定。在坚实、整体的岩层中,对中、小断面的隧道,可不分部而将全断面一次性开挖。如遇松软、破碎地层,须分部开挖,并配合开挖及时设置临时支撑,以防止土石坍塌。

基本作业:钻爆与开挖,运输与出渣,支护和衬砌。

辅助作业:施工通风与除尘,施工排水与供水,施工供电与照明,压缩空气的供应。

矿山法施工中应遵循的技术原则如下:

(1)因为围岩是隧道的主要承载单元,所以在施工中必须充分保护围岩,应根据地质条件、断面尺寸及施工方法等,采用控制爆破技术。

(2)为了充分发挥围岩的结构作用,应容许围岩产生有控制的变形。

(3)在施工中必须合理地决定支护结构的类型、支护结构参与工作的时间、各种支护手段的相互配合、底部封闭时间、一次掘进长度等。

(4)在施工中,必须进行实地量测监控,及时提出可靠的数据量测信息,以指导施工和设计。

(5)在隧道施工过程中,建立设计—施工检验—地质预测—量测反馈—修正的一体化施工管理系统,以不断提高和完善隧道施工技术。

（6）在选择支护手段时，一般应选择能大面积与围岩紧密接触的、能及时实施和应变能力强的支护手段，因此，多将喷混凝土、锚杆金属网联合起来使用，有时也要与钢支撑或格栅等配合使用；临时仰拱也很重要，是不容忽视的支护手段。

（7）要特别注意的是，隧道施工过程是力学状态不断变化的过程，减少分部开挖，也就有可能减少因分部过多而引起的围岩内的应力变化和围岩的松弛问题。因此，在有可能的条件下，应尽量采用全断面或大断面分部的开挖方法。

（8）使隧道断面在较短时间内闭合，应尽量采用先修筑仰拱（或临时仰拱）或铺底的施工方法。

（9）二次衬砌应遵循先墙后拱的施工顺序。

三、矿山法施工的基本程序

矿山法是采用木构件或钢构件作为临时支撑，抵抗围岩变形，承受围岩压力，获得坑道的临时稳定，待隧道开挖成型后，再逐步地将临时支撑撤换下来，而代之以永久性单层衬砌的施工方法。它是人们在长期的施工实践中逐步发展起来的一种传统施工方法。矿山法施工的基本程序可用框图表示，如图2-1所示。

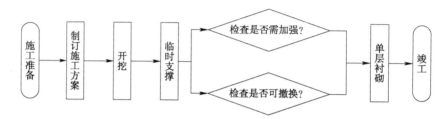

图2-1　传统矿山法施工程序

四、矿山法的优缺点

矿山法将围岩与单层衬砌之间的关系等同于地上工程的"荷载"与"结构"的关系。矿山法中维持坑道稳定的措施，是很直观和奏效的，也容易被施工人员理解和掌握。

因此，这种方法直至现在常被应用于不便采用锚喷支护的隧道中，或被应用于处理坍方等。传统矿山法的一些施工原则也得以继承和发展。曾经使用过的"插板法"和现在经常使用的"超前管棚法"及"顶管法"，可以说是传统矿山法改进和松弛荷载理论发展的极致。

但衬砌的实际工作状态很难与设计工作状态达成一致，以及存在临时支撑难以撤换等一些问题，这些在一定程度上限制了它的发展和应用。

第二节　新　奥　法

一、新奥法及其施工的基本程序

新奥法（New Australia Tunneling Method，简称NATM）是在利用围岩本身所具有的承载效能的前提下，采用毫秒爆破和光面爆破技术，进行全断面开挖施工，并可以形成复合式内外两层衬砌来修建隧道的洞身,即以喷混凝土、锚杆、钢筋网、钢支撑等为外层支护形式,称为"初次柔性支护",即在洞身开挖之后必须立即进行的支护工作。因为蕴藏在山体中的地应力由于开挖成洞而产生再分配,隧道空间靠空洞效应而得以保持稳定,也就是说,承载地应力的主要是围岩体本身,而初次喷锚柔性支护可以使围岩体自身的承载能力得到最大限度的发挥,第二次衬砌主要起安全储备和装饰美化作用。

新奥法的适用性很广,中国已在亚黏土和黄土隧道施工中成功运用此方法。但在下列情况下,一般都应采取适当的辅助措施才能施工:涌水量大的地层;因涌水产生流沙现象的地层;围岩破碎使锚杆钻孔和插入都极为困难的情况;开挖面不能自稳的围岩。新奥法以喷射混凝土、锚杆支护为主要支护手段,因锚杆喷射混凝土支护能够形成柔性薄层,和与围岩紧密黏结的可缩性支护结构,因此,允许围岩有一定的协调变形,而不使支护结构承受过大的压力。

新奥法施工的基本程序可用框图表示,如图 2-2 所示。

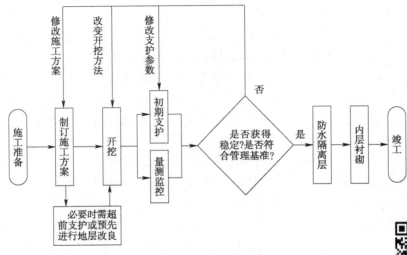

图 2-2 新奥法施工的基本程序

初期支护相关资源见二维码 3。

3-初期支护

二、新奥法施工的基本要点

(1)当洞室开挖后,应使围岩自身承担主要的支护作用,而衬砌只是对围岩进行加固,使其成为一个整体而共同发生作用。因此,须最大限度地保持围岩的固有强度,以发挥围岩的自承能力。例如,及时喷混凝土封闭岩壁,就能有效地防止围岩松弛,而不使其强度大幅度降低,同时也不会因顶替支撑而使围岩变形松弛。总之,应使围岩经常处于三轴应力约束状态,最为理想。

(2)预计围岩有较大变形和松弛时,应对开挖面施作保护层,而且应在恰当的时候敷设,过早或过迟均不利。其刚度不能太大或太小,又必须能与围岩密贴,应做成薄层柔性,允许有一定变形,以使围岩释放应力时起卸载作用,尽量不使其有弯矩破坏的可能性。这种支护和传统的支护不同,不是因受弯矩而是因受压剪作用破坏的。由于混凝土的抗压和抗剪强度比抗拉和抗弯强度大得多,从而具有更高的承载能力。一次支护的位移收敛后,可在其光滑的表面上敷设高质量的防水层,并修筑为提高安全度的二次支护。前后两次支护与围岩之间都只有径向力作用。

(3)衬砌需要加强的区段,不是通过增大混凝土的厚度,而是加钢筋网、钢支撑和锚杆,使隧道在全长范围内采用大致相同的开挖断面。此外,因为新奥法不在坑道内架设杆件支撑,空间宽敞,从而可以提高安全性和作业效率。

(4)为正确掌握和评价围岩与支护的时间特性,可在进行室内试验的同时,进行现场量测。量测内容为衬砌内的应力、围岩与衬砌间的接触应力以及围岩的变位,据以确定围岩的稳定时间、变形速度和围岩分类等最重要的参数,以便适应地质情况的变化,及时变更设计和施工方案。量测监控是新奥法的基本特征,量测的重点是围岩和支护的力学特征随时间的变化动态。衬砌的做法和施作时间是依据围岩变位量测决定的。

(5)隧道支护在力学上可看作厚壁圆筒。它是由围岩支承环和衬砌环组成的结构,且两者存在共同作用。圆筒只有在闭合后才能在力学上起圆筒作用,所以,除在坚硬岩层之外,敷设仰拱使衬砌闭合特别重要。

围岩的动态主要取决于衬砌环的闭合时间。当上半断面超前掘进过多时,就相应地推迟了它的闭合时间,导致在隧道纵方向形成悬臂梁的状态而产生大弯曲的不良影响。另外,为防止引起围岩破坏的应力集中,断面应做到无角隅,最好是圆形断面。

(6)围岩的时间因素还受开挖和衬砌等施工方法的影响,它对结构的安全性起决定性的作用。综合考虑掘进循环周期、衬砌中仰拱的闭合时间、拱部导坑的长度以及衬砌强度等变化因素,应把围岩和支护作为一个整体来谋求稳定。从应力重分布角度去考虑,全断面一次开挖是最有利的;分部开挖会使应力反复分布而造成围岩受损。

(7)岩层内的渗透水压力,必须采取排水措施来降低。新奥法的支护结构至今仍处于经验设计的阶段,它的前提是科学地进行围岩分类,并根据已经修建的类似工程的经验,提出支护设计参数或标准设计模式。这种工程类比法还只考虑了岩体结构、岩块单轴抗压强度、弱面特性等工程地质性质,坑道的跨度以及围岩自稳时间等主要因素,需在各种设计与施工规程的实施过程中,依据量测数据加以修正。现场监控设计,一般分成预先设计和最后设计。后者是根据现场监控量测数据,经分析比较或计算后,最后提出的设计。理论解析和有限元数值计算,至今还不能得出充分可靠和满意的结果,必须由上述两种方法即经验和量测加以验证。

三、新奥法施工的基本原则

根据对隧道及地下工程基本问题——"开挖与支护的关系"的认识,对围岩的"三位一体特性"的认识,对支护的"加固和维护作用"的认识,现代"围岩承载理论"认为"围岩是工程加固的对象,是不可替代的;支护是加固的手段,是可以选择的"。

围岩承载理论在"新奥法"成功应用的基础上,运用岩体力学分析方法,充分考虑围岩在施工过程中的动态变化,逐步形成了"以维护和利用围岩的自承能力为基本出发点,以锚杆和喷射混凝土为主要支护措施,对围岩和支护的变形和应力进行量测为监视控制手段,来指导隧道和地下工程设计、施工"的基本思路。并进一步总结出提供支护帮助的基本原则,即"围岩不稳,支护帮助,遇强则弱,遇弱则强,按需提供,先柔后刚,量测监控,动态调整"。

根据以上解决问题的基本思路和支护设计的基本原则,作为一种施工方法,新奥法施工的基本原则可以归纳为"少扰动、早锚喷、勤量测、紧封闭"。

四、新奥法的优缺点

1. 新奥法的优点

新奥法的优点如下:

(1)各工序的组合和调整的灵活性很大,尤其是当地质条件发生变化时,它依然表现出很强的适应性。长期的实践已使人们积累了丰富宝贵的施工经验,已形成了较科学合理、完整成熟的施工方案,这些是普遍认同的优势。

(2)与传统矿山法的钢木构件临时支撑相比较,新奥法的锚喷初期支护具有显著的灵活性、及时性、密贴性、深入性、柔韧性和封闭性等工程特点。

(3)施工机械和设备的配套比较灵活,且多数是常规设备,其组装简单、转移方便,重复利用率高。

(4)现代隧道工程使用的钢拱架和内层衬砌,其设计计算方法仍沿用并改进了传统松弛荷载理论的设计计算方法,这种沿用并改进的做法,既可以理解为新奥法对传统矿山法的兼容和继承,也可以理解为现代围岩承载理论对传统松弛荷载理论的兼容和继承。

2. 新奥法的缺点

新奥法的缺点是:与其他方法相比,新奥法施工工序多、相互干扰大、管理难度大;循环作业,施工速度慢;爆破掘进,超欠挖量较大、对围岩扰动大、工人劳动强度大、作业场所环境差。此外,由于受施工速度的限制,在长大隧道工程中,为保证工期,往往需要采用辅助坑道来增加施工作业面,这也将相应地增加工程造价。

第三节 洞 口 施 工

在山岭隧道中,隧道洞口覆盖层变薄,且地表水汇集,围岩稳定能力降低,成拱作用不足,施工较困难。因此,隧道洞口段施工,要结合洞外场地和相邻工程的情况,全面考虑、妥善安排、及早施工,为隧道洞身施工创造条件。一般情况下,应首先做好洞口边坡、仰坡防护,防排水系统,以及洞口初期支护,保证进洞安全和洞身施工顺利,然后在适当的时候完成洞门施工。

洞口工程是隧道工程的一个重要分项工程,洞口工程主要包括:边坡、仰坡土石方,边坡、仰坡防护,端墙、翼墙等洞门圬工,洞口排水系统,洞口检查设备安装,洞口段洞身衬砌。

1. 进洞施工方法

根据不同的地层情况,进洞施工方法可分为以下几种:

(1)洞口段围岩为Ⅳ类以上,当地层条件良好时,一般可采用全断面直接开挖进洞。初始10~20m区段的开挖,爆破进尺应控制在2~3m。施工支护,于拱部可施作局部锚杆,墙、拱采用素喷混凝土支护。洞口3~5m区段可以挂网喷混凝土及设钢拱架予以加强。

(2)洞口段围岩为Ⅲ~Ⅳ类,当地层条件较好时,宜采用正台阶法进洞(不短于20m区段)。爆破进尺控制在 1.5~2.5m。施工支护采用拱、墙系统锚杆和钢筋网喷射混凝土。必要时设钢拱架加强支护。

(3)洞口段围岩为Ⅱ~Ⅲ类,当地层条件较差时,宜采用上半断面长台阶法进洞施工。上半断面先进 50m 左右后,拉中槽落底,在保证岩体稳定的条件下,再进行边墙扩大及底部开挖。上部开挖进尺一般控制在 1.5m 以下,并严格控制爆破药量。施工支护采用超前锚杆与系统锚杆相结合的方式,挂网喷射混凝土。拱部安设间距为 0.5~1.0m 的钢拱架支护,及早施作混凝土衬砌,确保稳定和安全。

(4)洞口段围岩为Ⅱ类以下,当地层条件差时,可采用分部开挖法和其他特殊方法进洞施工。具体方法有:①预留核心土环形开挖法;②插板法或管棚法;③侧壁导坑法;④下导坑先进再上挑扩大,由里向外施工法;⑤预切槽法等。开挖进尺控制在 1m 以下,宜采用人工开挖,必要时才采用弱爆破法。开挖前应对围岩进行预加固,如采用超前预注浆锚杆或采用管棚注浆法加固岩层,用钢架紧贴洞口开挖面进行支护,再进行开挖作业。在洞身开挖中,支撑应紧跟开挖工序,随挖随支。施工支护采用网喷混凝土,系统锚杆支护。架立钢拱架间距为 0.5m,必要时可在开挖底面施作临时仰拱。开挖完毕后应及早施作混凝土内层衬砌。当衬砌采用先拱后墙法施工时,下部断面开挖应符合下列要求:拱圈混凝土达到设计强度的 70% 之后方可进行下部断面的开挖;可采用扩大拱脚、打设拱脚锚杆、加强纵向连接等措施加固拱脚。下部边墙部位开挖后,应及早、及时做好支护,确保上部混凝土拱的稳定。

施工前,在工艺设计中,应对施工的各工序进行必要的力学分析。在施工过程中应建立健全量测体系,收集量测数据,及时分析,用以指导施工。

2. 洞口施工注意事项

洞口段施工,最关键的是在进洞前就做好边坡、仰坡的防护和加固工作,做好排水系统,做好洞口初期支护,并注意以下事项:

(1)"先护后挖"是洞口施工的基本原则。

(2)在清理场地做施工准备时,应先清理洞口上方及侧方有可能滑塌的表土、灌木及山坡危石等。平整洞顶地表,排除积水,整理隧道周围的流水沟渠。之后施作洞口边坡、仰坡顶处的天沟。

(3)洞口施工应避开雨季和融雪期。洞口土石方开挖,应按设计要求进行边坡、仰坡放线,自上而下逐段开挖,不得掏底开挖或上下重叠开挖。若需爆破开挖,应进行爆破设计,严格控制装药量,严禁采用深眼大爆破或集中药包爆破方式,以免影响边坡、仰坡的稳定。

(4)洞口圬工基础必须置于稳固的地基上,且将虚渣杂物、泥化软层和积水清除干净。地基强度不够时,可结合具体条件采取扩大基础、桩基、压浆加固地基等措施。

(5)洞门拱墙应与洞内相邻的拱墙衬砌同时施工,连接成整体,确保拱墙连接良好。洞门端墙的砌筑与回填应两侧同时进行,防止对衬砌产生偏压。

(6)洞口段洞身施工时,应根据地质条件、地表沉陷控制以及保障施工安全等因素选择开挖方法和支护方式。洞口段洞身衬砌应根据工程地质、水文地质及地形条件,至少设置长度不小于 5m 的模筑混凝土加强段,以提高圬工的整体性。

(7)洞门完成后,洞门以上仰坡脚受破坏处,应及时处理。如仰坡地层松软破碎,宜用浆砌片石或铺种草皮进行防护。

第四节　辅助施工方法

一、适用范围及一般规定

在浅埋、严重偏压、岩溶流泥地段、砂土层、砂卵(砾)石层、自稳性差的软弱破碎地层、断层破碎带以及大面积淋水或涌水地段进行施工时,可采用辅助施工方法对地层进行预加固、超前支护或止水。

采用辅助施工方法施工时,应遵守下列规定:

(1)根据工程地质及水文地质条件、施工队伍的技术水平、机械设备状况等,选用辅助施工方法,并做好相应的工序设计。

(2)应按采用的辅助施工方法,准备所需的材料及机具,制订安全施工措施。

(3)施工中应经常观察地形、地貌的变化以及地质和地下水的变异情况,预防事故的突然发生。

(4)做好详细的施工记录。

(5)必须坚持"先支护(强支护)、后开挖(短进尺、弱爆破)、快封闭、勤量测"的施工原则。

二、稳定开挖面的方法

(1)稳定开挖面、防止地表地层下沉不宜用下列辅助施工方法:

①地面砂浆锚杆。

②超前锚杆或超前小钢管支护。

③管棚钢架超前支护。

④超前小导管预注浆。

⑤超前围岩预注浆加固(包括周边劈裂预注浆、周边短孔预注浆)。

(2)地面砂浆锚杆的施工应符合下列要求:

①锚杆宜垂直地表设置,根据地形及岩层层面的具体情况也可倾斜设置。

②锚杆长度可根据隧道覆盖层的厚度和实际施工能力确定。

③砂浆铺杆的施工应按规范有关规定执行。

(3)超前铺杆或超前小钢管支护施工应符合下列要求:

①超前铺杆或超前小钢管支护宜和钢架支撑配合使用并从钢架腹部穿过。

②超前铺杆或超前小钢管支护与隧道纵向开挖轮廓线间的外插角角度宜为1°~5°,长度应大于循环进尺,宜为3~5m。

③超前锚杆宜用早强水泥砂浆铺杆。

④超前小钢管顶入钻孔长度不应小于管长的90%。

(4)管棚钢架超前支护施工应符合下列要求:

①检查开挖的断面中线及高程,开挖轮廓线应符合设计要求。

②钢架安装垂直度允许误差为±2°,中线及高程允许误差为±5cm。

③在钢架上沿隧道开挖轮廓线纵向钻设管棚孔,其外插角应不侵入隧道开挖轮廓线,越小越好;孔深不宜大于10m,一般为10~45m;孔径比管棚钢管直径大20~30mm。钻孔环向中心间距视管棚用途确定。钻孔顺序由高孔位向低孔位进行。

④将钢管打入管棚孔眼中。管棚钢管外径宜为中70~180mm,长度宜为4~6m。接头应采用厚壁管箍,上满丝扣,丝扣长度不应小于15cm。接头应在隧道横断面上错开。

⑤当需增加管棚钢架支护的刚度时,可在钢管内注入水泥砂浆。水泥砂浆应用牛角泵灌注。封堵塞应有进料孔和出气孔,在出气孔流浆后,方可停止压注。

(5)超前小导管预注浆的施工应符合下列要求:

①小导管采用$\phi 32mm$焊接钢管或$\phi 40mm$无缝钢管制作,长度宜为3~5m。管壁每隔10~20cm交错钻眼,眼孔直径宜为$\phi 6$~8mm。

②沿隧道纵向开挖轮廓线向外以10°~30°的外插角钻孔,将小导管打入地层,亦可在开挖面上钻孔将小导管打入地层。小导管环向间距为20~50cm。

③小导管注浆前,应对开挖面及5m范围内的坑道喷射厚为5~10cm混凝土或用模筑混凝土封闭。

④注浆压力应为0.5~1.0MPa。必要时可在孔口处设置止浆塞。止浆塞应能承受规定的最大注浆压力或水压。

⑤注浆后至开挖前的时间间隔,视浆液种类宜为4~8h。开挖时应保留1.5~2.0m的止浆墙,防止下次注浆时孔口跑浆。

(6)超前围岩预注浆加固施工应符合下列规定:

①注浆孔的布置角度及深度应符合设计要求。孔口的位置与设计位置的允许偏差为±5cm;孔底位置偏差应小于孔深的10%。

②注浆钻孔应做到:孔壁圆,角度准,孔身直,深度够,岩粉清洗干净。当出现严重卡钻、孔口不出水时,应停止钻孔,立即注浆。在确认无塌孔和探头石时,才可安设注浆管。

③钻孔结束后应掏孔检查,并准备注浆材料。

④注浆前应平整注浆所需场地,检查机具设备,做好止浆墙。

⑤注浆压力应根据岩性、施工条件等因素通过现场试验确定。

⑥注浆方式可根据地质条件、机械设备及注浆孔的深度选用前进式、后退式或全孔式。注浆顺序为先注内圈孔、后注外圈孔,先注无水孔、后注有水孔,从拱顶顺序向下进行。如遇窜浆或跑浆,则可间隔一孔或数孔灌注。注浆结束后,应利用止浆阀保持孔内压力,直至浆液完全凝固。

⑦注浆作业应符合下列要求:

a. 浆液的浓度、胶凝时间应符合设计要求,不得任意变更。

b. 应经常检查泵口及孔口注浆压力的变化,发现问题应及时处理。

c. 采用双液注浆时,应经常测试混合浆液的胶凝时间,如发现与设计不符,应立即调整。

⑧注浆结束的条件如下:

a. 单孔结束条件:注浆压力达到设计终压,浆液注入量已达到计算值的80%以上。

b. 全段结束条件:所有注浆孔均已符合单孔结束条件,无漏注情况。

⑨注浆后必须对注浆效果进行检查,如未达到要求,应进行补孔注浆。

⑩开挖时应按设计要求留设止浆岩盘。

(7)注浆材料应根据地质条件及涌水情况确定。

①断层破碎带和砂卵石地层,当裂隙宽度(或粒径)大于1mm时,加固地层或堵水注浆宜优先采用水泥类浆液和水泥—水玻璃浆液。采用水泥浆液时,水灰比可为0.8:1~2:1。如需缩短胶凝时间,可加入食盐、三乙醇胺速凝剂。采用水泥—水玻璃浆液,应根据胶凝时间配制。一般水泥浆液的水灰比为0.8:1~1.5:1;水玻璃浓度为24~40°Bé;水泥浆与水玻璃的体积比宜为1:1~1:0.3。

②断层泥地带,当裂隙宽度(或粒径)小于1mm时,加固注浆宜优先采用水玻璃类和木胺等浆液。

③中、细、粉砂层及细小裂隙岩层、断层泥地段,宜采用渗透性好、低毒及遇水膨胀的化学类浆液。

注浆机具设备应性能良好,操作简便,并满足使用的要求。

可选用遮挡壁法、特殊钢背板顶进行法、锚索法及钢筋混凝土管桩加固法等,稳定开挖面、防止地表地层下沉。

辅助施工的相关资料见二维码4~二维码8。

4-超短台阶法

5-单、双侧壁导坑开挖法

6-短台阶法

7-环形开挖留核心土法

8-长台阶法

三、涌水的处理方法

(1)根据设计文件对隧道可能出现涌水地段的涌水量大小、补给方式、变化规律及水质成分等进行详细调查,选择既经济合理,又能确保围岩稳定,并保护环境的治水方案。

处理涌水可采用下列辅助施工方法:

①超前钻孔或辅助坑道排水。

②超前小导管预注浆。

③超前围岩预注浆堵水。

④井点降水及深井降水。

(2)采用辅助坑道排水时,应符合下列要求:

①坑道应和正洞平行或接近平行。

②坑道底高程应低于正洞底高程。

③坑道应超前正洞10~20m,至少应超前1~2个循环进尺。

(3)采用超前钻孔排水时,应符合下列要求:

①应使用轻型探水钻机或凿岩机钻孔。

②钻孔孔位(孔底)应在水流上方,钻孔时孔口应有保护装置,以防人身及机械事故发生。

③采取排水措施,保证钻孔排出的水迅速排出洞外。
④超前钻孔的孔底应超前开挖面1~2个循环进尺。
(4)超前围岩预注浆堵水施工应符合下列规定:
①注浆段的长度应根据地质条件、涌水量、机具设备能力等因素确定,一般宜在30~50m。
②钻孔及注浆顺序应由外圈向内圈进行,同一圈钻孔应间隔施工。
③浆液宜采用水泥浆液或水泥—水玻璃浆液。
(5)井点降水施工应符合下列规定:
①井点的布置应符合设计要求。当降水宽度小于6m、深度小于5m时,可采用单排井点方式。点间距宜为1~1.5m。
②有地下水的黄土地段,当降水深为3~6m时,可采用井点降水方式;当降水深度大于6m时,可采用深井井点降水。
③滤水管应深入含水层,各滤水管的高程应齐平。
④井点系统安装完毕后,应进行抽水试验,检查有无漏气、漏水情况。
⑤抽水作业开始后,宜连续不间断地抽水,并随时观测附近区域的地表是否沉降,必要时应采取防护措施。
(6)深井井点降水施工应符合下列要求:
①在隧道两侧地表面布置井点,间距为25~35m,井底应在隧底以下3~5m处。
②做好深井抽水时地面的排水工作。
防水板铺挂(拱部)的相关资源见二维码9。

9-防水板铺挂

第五节 明 挖 法

当隧道埋置较浅时,可将上覆一定范围内的岩体及隧道内的岩体逐层分块挖除,并逐次分段施作隧道衬砌结构,然后回填上覆土,这种施工方法称为浅埋明挖法。采用明挖法修建的隧道(或区段)称为"明洞"。

明挖法的优点是施工程序简单、明确,容易理解、便于掌握,主体结构受力条件较好,在没有地面交通和环境等限制时是首选方法。按照对边坡维护方式的不同,浅埋明挖法可分为放坡明挖法、悬臂支护明挖法、围护结构加支撑明挖法。

应当注意的是,当采用悬臂支护明挖法或围护结构加支撑明挖法时,工程的重点和难点就转化为"深基坑的围护"问题。

一、放坡明挖法

"放坡明挖法"是指根据隧道侧向土体边坡的稳定能力,由上向下分层放坡开挖隧道所在的位置及其上方的土体至设计隧道基底高程后,再由下向上顺作隧道衬砌结构和防水层,最后施作结构外回填土并恢复地表状态的施工方法。

放坡明挖法主要适用于埋置特浅、边坡土体稳定性较好,且地表没有过多的限制性条件的隧道工程中。放坡明挖法虽然开挖土方量较大,且易受地表和地下水的影响,但可以使用大型土方机械,施工速度快,质量也易得到保证,作业场所环境条件好、施工安全度较高。放坡明挖法是浅埋隧道的首选施工方法。边坡局部稳定性较差时,可采用喷射混凝土进行坡面防护或采用锚杆加固边坡土体。

二、悬臂支护明挖法

"悬臂支护明挖法"是将基坑围护结构插入基底高程以下一定深度,然后在围护结构的保护下开挖基坑内的土体至设计隧道基底高程后,再由下向上顺作隧道主体结构和防水层,最后施作结构外回填土并恢复地表状态的施工方法。

悬臂支护明挖法常用的围护结构有打入木桩、钢桩、钢筋混凝土预制桩,就地挖孔或钻孔灌注钢筋混凝土桩,钻孔灌注钢筋混凝土连续墙等。以上各种措施也可联合采用。悬臂支护明挖法主要适用于埋置较浅,边坡土体稳定性较差,且地表有一定的限制性要求的隧道工程中。

悬臂围护结构处于悬臂受力状态,靠围护结构插入基底以下一定深度部分的抗倾覆能力和围护结构的抗弯刚度来平衡其基底以上部分所受的外侧土压力。其优点是,由于有围护结构的保护,开挖土方量小,且基坑内无支撑,便于基坑内土体开挖和主体结构施工的机械化作业,也易保证工程质量。其缺点是围护结构施工较复杂,工程造价有所增加。

三、围护结构加支撑明挖法

"围护结构加支撑明挖法"是当基坑深度较大、围护结构的悬臂较长时,在不增加围护结构的刚度和插入深度的条件下,在围护结构的悬臂范围内架设水平支撑以加强围护结构,共同抵抗较大的外侧土压力;在主体结构由下向上顺作的过程中按要求的时序逐层分段拆除水平支撑,完成结构体系转换,最后施作结构外回填土并恢复地表状态的施工方法。

围护结构加支撑明挖法主要适用于埋置不太浅,边坡土体稳定性较差,外侧土压力较大,且地表有一定的限制性要求的隧道工程。水平支撑的强度、刚度、间距、层数及层位等技术参数,应根据对水平支撑与围护结构的共同工作状态、结构体系转换过程和施工工艺的要求进行力学分析和计算来确定。施工中必须经常检查支撑状态,必要时对其应力进行量测和监控。水平支撑方法的优点是墙体水平位移小、安全可靠、开挖深度不受限制。

水平支撑常用的形式有横撑、角撑和环梁支撑。平面矩形围护结构的基坑拐角或断面变化处用角撑,短边方向一般用横撑;平面环形围护结构也可采用环梁支撑。开挖基坑宽度较大,水平支撑刚度不足时,还可考虑加设中间支柱来保持其稳定性。水平支撑结构以钢管、型钢及型钢组合构件为好,因其拆装方便、占据空间较小、回收利用率高,故在实际工程中应用较多。

第六节 盖 挖 法

由于明挖方式存在占用场地大、隔断地面交通时间较长、挖方量及填方量大等不利因素,故隧道的开挖可采用半明挖方式。半明挖方式较为常见的是盖挖法。

盖挖法最早在20世纪60年代用于西班牙马德里城市隧道，随后在很多城市的隧道建造中被采用。

一、盖挖法的概念

盖挖法是先按照连续墙、钻孔桩等形式做围护结构和中间桩，然后做钢筋混凝土盖板，在盖板、围护墙、中间桩保护下进行土方开挖和结构施工。

盖挖法是由地面向下开挖至一定深度后，将顶部封闭，其余的下部工程在封闭的顶盖下进行施工。主体结构可以顺作，也可以逆作。在城市繁华地带修建地铁车站时，往往占用道路，影响交通。当地铁车站设在主干道上，而交通不能中断，且需要确保一定交通流量时，可选用盖挖法。

二、盖挖法的种类和施作顺序

按照盖板下土体挖除和主体结构施作的顺序，浅埋盖挖法可以分为盖挖顺作法和盖挖逆作法。

1. 盖挖顺作法

盖挖顺作法是在地表作业完成挡土结构后，以定型的预制标准覆萧结构（包括纵梁、横梁和路面板）置于挡土结构上维持交通，往下反复进行开挖和加设横撑，直至设计高程。依序由下而上，施工主体结构和布置防水设施，回填土并恢复管线路或埋设新的管线路。最后，视需要拆除挡土结构的外露部分并恢复交通。

在道路交通不能长期中断的情况下修建车站主体时，可考虑采用盖挖顺作法施工。

2. 盖挖逆作法

盖挖逆作法是先在地表面向下做基坑的维护结构和中间桩柱，和盖挖顺作法一样，基坑维护结构多采用地下连续墙或帷幕桩，中间支撑多利用主体结构本身的中间立柱以降低工程造价。随后即可开挖表层土体至主体结构顶板地面高程，利用未开挖的土体作为土模浇筑顶板。顶板可以作为一道强有力的横撑，以防止维护结构向基坑内变形，待回填土后将道路复原，恢复交通。以后的工作都是在顶板覆盖下进行，即自上而下逐层开挖并建造主体结构直至底板。如果开挖面积较大、覆土较浅、周围沿线建筑物过于靠近，为尽量防止因开挖基坑而引起邻近建筑物的沉陷，或需及早恢复路面交通但又缺乏定型覆盖结构，常采用盖挖逆作法施工。

3. 顺作与逆作的比较

（1）施工顺序不同。顺作法是在挡墙施工完毕后，对挡墙做必要的支撑，再开挖至设计高程，并开始浇筑基础底板，接着依次由下而上，一边浇筑地下结构主体，一边拆除临时支撑；而逆作法是由上而下进行施工。

（2）所用的支撑不同。在顺作法中常见的支撑有钢管支撑、钢筋混凝土支撑、型钢支撑及土锚杆等；而逆作法中建筑物本体的梁和板，也就是逆作结构本身就可以作为支撑。

三、盖挖法的施工特点

1. 施工优点

（1）围护结构变形小，能够有效控制周围土体的变形和地表沉降，有利于保护邻近建筑物和构筑物。

(2)基坑底部土体稳定,隆起小,施工安全。
(3)用盖挖逆作法施工一般不设内部支撑或锚固,施工空间大。
(4)用盖挖逆作法施工,基坑暴露时间短,用于城市街区施工时,可尽快恢复路面。

2. 施工缺点

(1)用盖挖法施工时,混凝土内衬的水平施工缝的处理较困难。
(2)用盖挖逆作法施工时,暗挖施工难度大,费用高。
(3)用盖挖法每次分部开挖及浇筑衬砌的深度,应综合考虑基坑稳定、环境保护、永久结构形式和混凝土浇筑作业等因素来确定。

四、盖挖法的适用条件

盖挖法主要适用于城市地铁特浅埋隧道及地下工程中,尤其适用于地铁车站等地下洞室建筑物的施工。其中盖挖顺作法主要适用于单层地铁车站施工;盖挖逆作法主要适用于多层地铁车站施工。采用盖挖逆作法施工时,应特别注意结构体系受力状态的转换,以保证结构受力状态良好。

第七节　浅埋暗挖法

在地面条件允许的情况下,地铁隧道宜采用明挖法,主要适合在人、交通和管线较少的地方应用。但受埋深条件、周边环境条件等因素的限制,在建筑物密集的繁华市区和特殊地质区段经常采用浅埋暗挖法施工。

浅埋暗挖法起源于1986年的北京地铁复兴门车站折返线工程,这在当时取得了很大的经济效益和社会效益。随后,铁道部等相关部门讨论后确定采用"浅埋暗挖法"这个名称,建设部把它评为国家级工法。

一、浅埋暗挖法的概念

浅埋暗挖法是在距离地表较近的地下进行各种类型地下洞室暗挖施工的一种方法。在城镇软弱围岩地层中和浅埋条件下修建地下工程,以改造地质条件为前提,以控制地表沉降为重点,以格栅(或其他钢结构)和喷锚作为初期支护手段,按照18字原则进行施工,称为"浅埋暗挖法"。

二、浅埋暗挖法的特点

浅埋暗挖法的优点:结构形式灵活多变,对地面建筑、道路和地下管线影响不大,拆迁占地少,扰民少,污染城市环境少等。其缺点:施工速度慢,喷射混凝土粉尘多,劳动强度大,机械化程度不高,以及高水位地层结构防水比较困难等。

虽然已被广泛推广应用,但是并非所有施工者都真正地掌握了其真谛。无论在地铁工程中,还是在市政公用管线施工中,或因生搬硬套,或因片面性,或因配套技术不足,仅强调"只要会喷锚支护就会浅埋暗挖"的误导,造成坍塌、沉陷、渗漏等,经常发生严重的安全质量事故。因此,在施工过程中要对"浅埋暗挖法"进行深入的研讨,综合分析,全面总结。

三、浅埋暗挖的施工方法

浅埋暗挖法既可作为独立的施工方法使用,也可以与其他施工方法结合使用,车站施工经常将浅埋暗挖法与盖挖法结合使用,区间隧道用盾构法与浅埋暗挖法结合施工。浅埋暗挖法与其他工法有很强的兼容性。浅埋暗挖法与其他工法的比较如表 2-1 所示。

浅埋暗挖法与其他工法的比较　　表 2-1

工法	浅埋暗挖法	盾构法	明(盖)挖法
地质条件	有水需处理	各种地层	各种地层
地面拆迁	小	小	大
地下管线	无须拆迁	无须拆迁	须拆迁
断面尺寸	各种断面	不行	各种断面
施工现场	较小	一般	大
进度	开工快,总工期偏慢	前期慢,总工期一般	总工期快
振动噪声	小	小	大
防水	有一定难度	有一定难度	较易

1. 浅埋暗挖法的施工步骤及施工工艺流程

(1)浅埋暗挖法的施工步骤(图 2-3)。

施工准备→超前小导管布设→注浆→土方开挖→格栅架立→钢筋网片、连接筋→喷射混凝土→防水施工→二次衬砌。

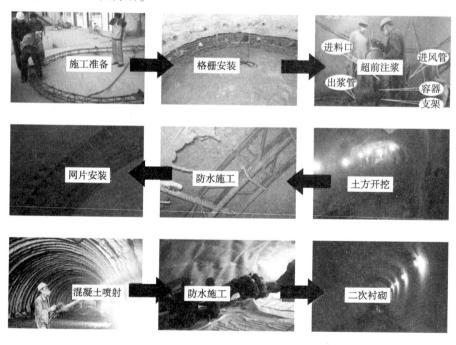

图 2-3　浅埋暗挖法施工步骤

(2)浅埋暗挖法的施工工艺流程(图2-4)。

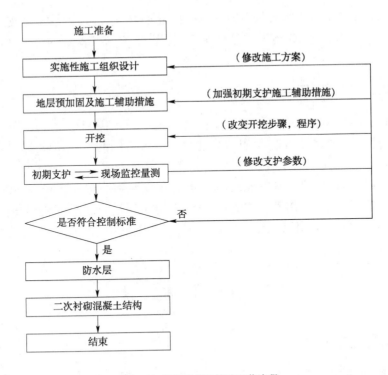

图2-4 浅埋暗挖法施工工艺流程

2.浅埋暗挖法的施工技术原则

浅埋暗挖法的核心技术被概括为18字方针:"管超前、严注浆、短开挖、强支护、早封闭、勤量测"。在暗挖施工作业时根据地质情况制订相应的开挖步骤和支护措施,严格根据量测数据确定支护参数,保证暗挖作业和周边环境的安全。

"管超前":在工作面开挖前,沿隧道拱部周边按设计打入超前小导管起超前支护作用,开挖后管与管之间的围岩成拱效应,管棚本身形成很多简支梁,起支撑围岩和抑制围岩变形的作用,以便提供一个能完成初期支护的时间。

"严注浆":在打设超前小导管后注浆加固地层,使松散的砂砾等能胶结起来,以便在开挖后不引起坍塌。在导管超前支护后,立即进行压注水泥或水泥水玻璃浆液,填充砂层孔隙,凝固后将砂砾胶结成为具有一定强度的"结石体",使周围形成一个壳体,增强围岩自稳能力。此外,严注浆还包括初支背后注浆和二衬背后注浆。

"短开挖":每个开挖循环距离要短,这样才能做到开挖和支护时间尽可能短,且由于嵌制作用和纵向围岩暴露得少,确保了施工完全。

"强支护":采用格栅钢架和速凝混凝土进行较强的初期支护,以限制地层变形,浅埋暗挖法的网喷支护承载安全系数较大时,一般不考虑二次支护承力。

"早封闭":开挖后初期支护要尽早封闭成环,以便改变受力条件。

"勤量测":施工量测指地表沉降量测和洞内拱顶下沉与收敛量测。量测是对施工过程中的围岩及结构变化情况进行动态跟踪的主要手段,是对围岩和支护结构的变形监测,工作人员会将其信息及时而准确地反馈给设计施工主管部门,以便修改设计或采取特殊的施工措施。

在坚持这18字方针的同时,浅埋暗挖隧道在设计、施工过程中要特别注意场地工程的地质条件和周边环境,使施工方法和施工过程始终与工程地质条件和周边环境相适应。

四、浅埋暗挖法的适用条件

首先,浅埋暗挖法不允许带水作业,如果含水地层达不到疏干状态,带水作业是非常危险的,开挖面的稳定性随时受到威胁,甚至发生塌方。大范围的淤泥质软土、粉细砂地层,降水有困难或经济上选择此工法不合算的地层,不宜采用此法。

其次,采用浅埋暗挖法要求开挖面具有一定的自立性和稳定性。我国规范对土壤的自立性从定性上提出了要求:工作面土体的自立时间,应足以进行必要的初期支护作业。对开挖面前方地层的预加固和预处理,视为浅埋暗挖法的必要前提,目的就在于加强开挖面的稳定性,增加施工的安全性。

第八节 盾 构 法

一、盾构法及其工作原理

"盾构法"是以"盾构"这种施工机械在地面以下暗挖隧道的施工方法。"盾构"是一种集推进、挖土、衬砌等多种作业于一体的大型暗挖隧道施工机械。目前在软弱地质条件下的浅埋隧道工程中,盾构法已经得到很普遍的应用。

盾构施工:首先,修建预备竖井,在竖井内安装盾构;其次,边推进边挖土边衬砌。盾构推进的反力开始是由竖井后背墙提供的,进入正洞后则由已拼装好的衬砌环提供。盾构挖掘出的土体由竖井通道送出洞外。挤压式盾构不出土。盾构每推进一环距离,就在盾尾支护下拼装一环衬砌。

盾构机的前端有一个环行的活动钢筒结构,其作用是承受地层压力和提供地下作业空间。钢筒内的前端设有支撑和挖掘土体的装置;中段安装有顶推千斤顶,使钢筒可以在地层中推进;尾部设有一个直径略小于前端钢筒直径的钢套筒,前筒推进后,由盾尾套筒(护盾)临时支护围岩。盾尾套筒向前收缩时是否注浆,及其与拼装衬砌的工艺配合,则视地层条件和盾构类型(有水无水、有压无压)不同而不同。有压、有水须边推进边压注水泥浆,无压无水且围岩可暂时自稳时则可在衬砌后压注豆砾石、水泥浆。压注水泥浆,可使衬砌与围岩保持紧密接触,这既阻止地面沉陷,又可起到防水作用。

复合式盾构相关资源见二维码10。

10-复合式盾构

二、盾构法的优缺点

由于有盾构的保护,因此挖掘和衬砌等工作比较安全,这是盾构法的最大特点。其安全性不仅表现为工作人员安全,更表现为能够有效避免围岩坍塌和涌水、流沙等工程事故。盾构的推进、出土、拼装衬砌等全过程可实现机械化、自动化作业,施工速度快,工人劳动强度低。穿越城市地层时,施工噪声和振动很小,对地面环境影响较小。穿越水下地层时不影响河道航运。施工本身基本上不受季节、风雨等气候条件影响。因此,在松软含水地层中修建长隧道时,盾构法具有技术和经济方面的优势。

但盾构法也存在一些不足,如当隧道曲线半径过小时,盾构转向控制比较困难;当地层软硬不均匀时,盾构姿态控制较困难;当洞顶覆盖土层太薄且为有压含水松软土层时,要完全防止地表沉陷还比较困难;当拼装式衬砌的整体防水性能较差时,要采用较多的辅助防水措施才能达到防水要求;当采用全气压盾构法施工时,工人在高气压条件下作业,须采取特别的劳动保护措施。这些缺点还有待于在今后实践中进一步研究解决。

三、盾构的种类及适用的地层条件

盾构的类型很多,可按盾构的断面形状、挖掘方式、盾构前部构造和排水与稳定开挖面方式进行分类。

按盾构断面形状可分为圆形、拱形、矩形和马蹄形四种。圆形因其抵抗地层中的土压力和水压力较好,衬砌拼装简便,可采用通用构件,易于更换,因而应用较广泛。

按挖掘方式可将分为手工挖掘式、半机械挖掘式和机械挖掘式三种。按盾构前部构造可分为敞胸式和闭胸式两种。

按排除地下水与稳定开挖面的方式可分为人工井点降水、泥水加压、土压平衡式的无气压盾构,局部气压盾构,全气压盾构等。

随着隧道与地下工程的发展,盾构机械的种类越来越多,适用性也越来越广泛。一般而言,盾构法主要适用于软弱地质条件下进行暗挖法施工,最适于在松软含水地层中修建隧道,如在江河中修建水底隧道,在城市中修建地下铁道及各种市政设施。有资料显示,盾构法一般适宜于长隧道施工,对于短于750m的隧道被认为是不经济的。

四、盾构法的施工步骤

(1)在盾构法隧道的起始端和终端各建一个工作井。
(2)盾构在起始端工作井内安装就位。
(3)依靠盾构千斤顶的推力(作用在新拼装好的衬砌和工作井后壁上)将盾构从起始工作井的壁墙开孔处推出。
(4)盾构在地层中沿着设计轴线推进,在推进的同时不断出土和安装衬砌管片。
(5)及时地向衬砌背后的空隙注浆,防止地层移动和固定衬砌环的位置。
(6)盾构进入终端工作井并被拆除,如施工需要,也可穿越工作井再向前推进。

盾构法施工概貌图如图2-5所示。

西康铁路秦岭隧道Ⅰ线TBM掘进机施工相关资源见二维码11。

11-西康铁路秦岭隧道
Ⅰ线TBM掘进机施工

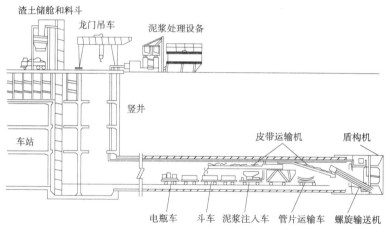

图 2-5　盾构法施工概貌图

五、盾构法的发展及现状

从 20 世纪 60 年代起,盾构法在日本得到迅速发展,除了大量用在东京、大阪、名古屋等城市的地下铁道建设中外,更多地用在下水道等市政公用设施管道建设中。20 世纪 70 年代,日本及联邦德国等国针对在城市建设区的松软含水地层中由于盾构施工所引起的地表沉陷、预制高精度钢筋混凝土衬砌和接缝防水等技术问题,研制了各种新型的衬砌和防水技术及局部气压式、泥水加压式和土压平衡式等新型盾构及相应的工艺和配套设备。其中,值得一提的是日本的盾构发展情况。日本是欧美国家以外第一个引进盾构施工技术的国家。1939 年的关门隧道是日本首次采用盾构施工技术的隧道工程。由于战争及战后困难的缘故,此项技术一直没有得到发展。直到 1957 年东京地铁的丸之内线采用盾构施工技术修建了一段区间隧道。1961 年名古屋地铁采用此法修建了觉王山区间隧道取得圆满成果之后,盾构施工技术在日本有了飞速的发展。日本在短短的二十余年之内共制造了 2 000 余台盾构,在世界上处于领先地位。日本的机械式盾构是和手掘式盾构同时研究发展起来的。1963 年,大阪市上水道大淀送水管工程(总长 227m)首次应用了外径为 2.592m(隧道外径为 2.35m)的机械式盾构。1967 年,日本近轰铁道难波线上本町难波间 1 488m 区间采用了外径为 10.041m(隧道内径为 9.90m)的机械式盾构。从此,人们对机械式盾构更为关注,使能够用于日本那样复杂地层的各种机械盾构得到了进一步发展。特别是小断面盾构,在缩短工期的研究中也取得了很大的进步。同时在软弱地基中还研制了挤压式盾构。

1993 年建成的、连接英法两国的英吉利海峡隧道,全长 48.5km,海底段长 37.5km,隧道最深处在海平面下 100m。这条隧道全部采用盾构法技术施工,英国一侧共用 6 台盾构,3 台施工岸边段,3 台施工海底段,施工海底段的盾构要向海峡中单向推进 21.2km,与从法国侧向英国方向推来的盾构对接。法国侧共用 6 台盾构,2 台施工岸边段,3 台施工海底段。海峡隧道由 2 条外径为 8.6m 的单线铁路隧道及 1 条外径为 5.6m 的辅助隧道组成。由于海底段最大深度达 100m,因此无论盾构机械还是预制钢筋混凝土管片衬砌结构均要承受 10 个大气压的水压力,又由于单向推进 21.2km,盾构推进速度必须达到月进 1 000m 的速度才能在 3 年左右的时间内完成,因此盾构的构造及其后续设备均须采用高质量的耐磨耗及腐蚀的材料。所以,该隧道的修建标志着盾构施工技术的最新水平。

20世纪50年代初,东北阜新煤矿用直径为2.6m的手掘式盾构及小混凝土预制块修建疏水巷道,这是我国首条用盾构掘进机施工的隧道。1957年,北京市下水道工程采用直径分别为2.0m和2.6m的盾构进行施工。1963年,上海隧道股份结合上海软土地层对盾构掘进机、预制钢混凝土衬砌、隧道掘进施工参数、隧道接缝防水进行了系统的试验研究。研制了一台直径为4.2m的手掘式盾构掘进机进行浅埋和深埋隧道掘进试验,隧道掘进长度为68m。

1965年,由上海隧道工程设计院设计、江南造船厂制造的两台直径5.8m的网格挤压型盾构掘进机,掘进了两条地铁区间隧道,掘进总长度为1 200m。1966年,上海打浦路越江公路隧道工程主隧道采用由上海隧道工程设计院设计、江南造船厂制造的我国第一台直径为10.2m的超大型网格挤压盾构掘进机施工,辅以气压稳定开挖面,在黄浦江底顺利掘进隧道,掘进总长为1 322m。20世纪70年代,采用一台直径为3.6m和两台4.3m的网格挤压型盾构,在上海金山石化总厂建设一条污水排放隧道和两条引水隧道,掘进了3 926m海底隧道,并首创了用垂直顶升法建造取排水口的新技术。

1980年,上海市进行了地铁1号线试验段施工,研制了一台直径为6.41m的刀盘式盾构掘进机,后改为网格挤压型盾构掘进机,在淤泥质黏土地层中掘进隧道1 230m。1985年,上海延安东路越江隧道工程有长1 476m的圆形主隧道采用上海隧道股份有限公司设计、江南造船厂制造的直径为11.3m的网格型水力机械出土盾构掘进机。1985年,上海芙蓉江路排水隧道工程引进一台日本川崎重工制造的直径为4.33m小刀盘土压盾构,掘进1 500m,该盾构具有机械化切削和螺旋机出土功能,施工效率高,对地面影响小。1987年上海隧道股份有限公司成功研制了我国第一台ϕ4.35m加泥式土压平衡盾构掘进机,用于市南站过江电缆隧道工程,穿越黄浦江底粉沙层、掘进长度为583m,技术成果达到20世纪80年代国际先进水平,并获得1990年国家科技进步一等奖。

1990年,上海地铁1号线工程全线开工,18km区间隧道采用7台由法国FCB公司、上海隧道股份有限公司、上海隧道工程设计院、上海船厂联合制造的ϕ6.34m土压平衡盾构掘进机。1996年,上海地铁2号线再次使用原7台土压盾构掘进机,并又从法国FMT公司引进两台土压平衡盾构,掘进24km区间隧道,上海地铁2号线的10号盾构为上海隧道股份自行设计制造。20世纪90年代,上海隧道工程股份有限公司自行设计制造了6台ϕ3.8~6.34m土压平衡盾构掘进机,用于地铁隧道、取排水隧道、电缆隧道等,掘进总长度约为10km。在20世纪90年代中,直径1.5~3.0的顶管工程也采用了小刀盘和大刀盘的土压平衡顶管机,在上海地区使用了10余台,掘进管道约20km。1998年,上海黄浦江观光隧道工程购买国外二手ϕ7.65m中折式土压平衡盾构掘进机,经修复后掘进机性能良好,顺利掘进隧道644m。1996年,上海延安东路隧道南线工程长1 300m的圆形主隧道采用从日本引进的ϕ11.22m泥水加压平衡盾构掘进机施工。1996年,广州地铁1号线8.5km区间隧道由日本青木建设公司施工,采用两台ϕ6.14m泥水加压平衡盾构和1台ϕ6.14m土压平衡盾构掘进机。1999年5月,上海隧道股份有限公司研制成功国内第1台3.8m×3.8m矩形组合刀盘式土压平衡顶管机,在浦东陆家嘴地铁车站掘进120m,建成两条过街人行地道。2000年2月,广州地铁2号线海珠广场至江南新村区间隧道采用上海隧道股份有限公司改制的两台ϕ6.14m复合型土压平衡盾构掘进机,在珠江底风化岩地层中掘进。2001年以来,广州地铁 2 号线、南京地铁 2 号线、深圳地铁 1 号线、北京地铁 5 号线、天津地铁 1 号线先后从德国、日本引进 14 台 $\phi 6.14 \sim 6.34$m 的土压盾构掘进机和复合型土压盾构掘进机,掘进地铁隧道 50km。

武汉长江穿江隧道盾构掘进机施工相关资源见二维码 12。

12-武汉长江穿江隧道盾构掘进机施工

第九节 轨道工程施工

一、概述

1. 概念

轨道是铁路或城市轨道交通的重要基础设备,引导机车车辆运行,直接承受列车荷载并向下部基础传递。轨道应保证机车车辆在规定的最大载重和最高速度下运行时,具有足够的强度、稳定性和合理的修理周期。

2. 分类

我国铁路按运营速度分为:普速铁路($V \leqslant 120$km/h)、快速铁路(120km/h $< V \leqslant 200$km/h)和高速铁路($V \geqslant 200$km/h)。普速铁路和快速铁路绝大部分采用有砟轨道,高速铁路和客运专线则以无砟轨道为主。

二、有砟轨道施工

有砟轨道是我国铁路大量采用的轨道结构形式。至 2017 年年底,我国铁路运营里程总长达到 12.7 万 km。新建铁路有砟轨道一般一次性铺设成跨区间无缝线路,对于早期铺设的普通线路有砟轨道结构,也在逐步改造成区间无缝乃至跨区间无缝线路,因此,有砟轨道施工主要是跨区间无缝线路施工。

1. 有砟轨道的结构及特点

有砟轨道由钢轨、轨枕、道床、连接零件、道岔和防爬设备组成,如图 2-6 所示。

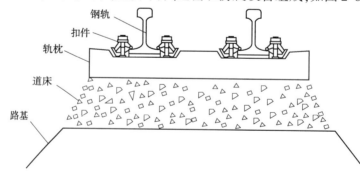

图 2-6 区间有砟轨道结构

钢轨:引导机车车辆运行,直接承受车轮传来的压力并向轨枕传递。

轨枕:铺设在钢轨和道床之间,利用扣件保持两根钢轨的相对位置。

道床:铺设在下部基础上,承受轨枕传来的压力,提供轨道纵向和横向阻力,便于排水并校正轨道的平面和纵面位置。

连接零件:用来连接钢轨或钢轨与轨枕,前者叫接头连接零件,后者叫中间连接零件(或叫扣件)。

防爬设备:用于阻止钢轨相对于轨枕移动,采用混凝土轨枕和弹性扣件后,轨道一般不需设置防爬设备。

道岔:是一股道转入另一股道必不可少的设备,在站场中大量铺设。

有砟轨道造价低,弹性好,对下部基础适应能力强,便于养护维修;但其稳定性差,轨道的几何状态不易保持,养护维修的工作量大,对高速铁路的适应性较差。

2. 有砟轨道的施工流程及工艺

有砟轨道的施工流程为:基地长钢轨焊接→底砟摊铺→铺轨作业→分层上砟整道→工地钢轨焊接→无缝线路应力放散及锁定→轨道整理及钢轨预打磨。

(1) 基地长钢轨焊接。

基地长钢轨焊接是将 100m 的定尺无孔标准轨焊接成 500m 的长钢轨,采用的焊机主要有瑞士拉伊台克公司生产的 GAAS80、乌克兰 K190 直流焊轨机。基地内的长钢轨焊接采用流水作业法在焊轨生产线上进行。

(2) 底砟摊铺。

底砟摊铺前检查路基工程,要求路基基床表层平面平整、密实。基地接触焊接工艺流程图如图 2-7 所示。

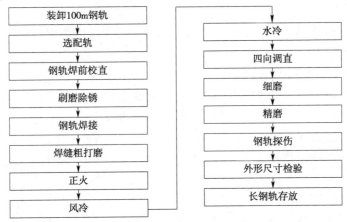

图 2-7 基地接触焊接工艺流程图

(3) 铺轨作业。

轨排换铺法和长轨条铺轨机组法。

① 轨排换铺法。

轨排换铺法包括轨排组装、机械铺轨和换铺长钢轨 3 道工序。有挡肩枕枕轨排拼装工艺流程图如图 2-8 所示。

② 长轨条铺轨机组法。

铺轨机组采用单枕连续作业法,机型为长钢轨铺设和轨枕布设一体机。大型机械化整道作业由布砟、起拨捣、动力稳定、整形 4 部分组成。

(4) 分层上砟整道。

铺轨后,对新铺线路进行拨正荒道、找水平等重点整道工作,并及时补砟整道。

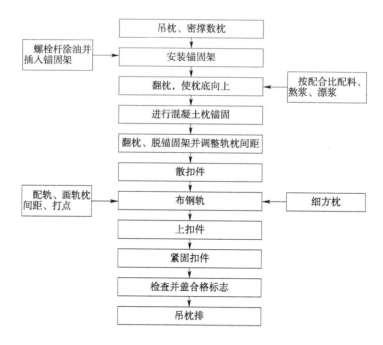

图 2-8　有挡肩轨枕轨排拼装工艺流程

(5) 工地钢轨焊接。

现场长钢轨焊接可采用移动式接触焊轨机焊接,工地长钢轨焊接分为单元轨节焊接和锁定焊接两个阶段。

(6) 无缝线路应力放散及锁定。

线路应力放散及锁定是将道床几何形态基本达到设计规定且已经达到初期稳定状态的线路,在合适的轨温条件下,重新松开扣件、支起钢轨、垫上滚筒,使钢轨自由伸缩或自由伸缩后再强制拉伸,放散掉钢轨内的附加应力和温度力,在钢轨处于设计锁定轨温时的"零"应力状态下,将线路焊接锁定,完成无缝线路的施工。具体操作方法有滚筒法、拉伸滚筒法。

(7) 轨道整理及钢轨预打磨。

有砟轨道铺设无缝线路之后至线路开通之前,采用大型养路机械等对轨道及道岔进行轨道整理作业。

3. 有砟轨道的专用机具设备

(1) 基地长钢轨焊接设备。

长钢轨焊接生产线主要由选配轨、(初)调直工位、除锈工位、焊接工位、粗打磨工位、正火工位、风冷工位、水冷工位、四向调直工位、细磨工位、精磨工位和探伤工位组成。

主要施工设备包括钢轨焊前矫直机(图 2-9)、钢轨焊前除锈机(图 2-10)、钢轨闪光焊机、钢轨正火设备、钢轨四相调直机和钢轨焊缝精磨机。

(2) 铺轨设备。

有砟轨道长轨条铺轨机组法常用的铺轨机组有 SVM1000 铺轨机组(图 2-11)和 TCM60 铺轨机组(图 2-12)。铺轨机组一般由履带式钢轨拖拉机、主机(作业车、辅助动力车)、枕轨运输车组、车载龙门吊及其动力系统、电气控制系统、液压系统等几部分组成,具有牵引力大、机组适用范围广、自动化程度高、综合作业效率高、安全可靠和性价比高等特点。

图2-9 钢轨焊前矫直机

图2-10 钢轨焊前除锈机

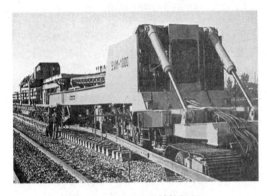

图2-11 SVM1000铺轨机组

图2-12 TCM60铺轨机组

4. 有砟轨道的质量控制及评定

基地钢轨焊接、铺轨铺枕、工地钢轨焊接、无缝线路应力放散及锁定、轨道整理等应符合相关标准和规定。

三、单元板式无砟轨道施工

无砟轨道是铺设在混凝土或沥青基础之上、具有均衡稳定弹性和阻尼的一种轨道结构形式。单元板式无砟轨道(CRTS Ⅰ型板式无砟轨道)是将工厂化预制的高精度轨道板铺设在浇筑好的底座上,其空间状态精调到位后,将水泥乳化沥青砂浆灌注在板下约50mm的间隙内,从而构成板下全面支承的结构。

1. 结构组成及特点

单元板式无砟轨道结构示意图如图2-13所示。

板式无砟轨道结构设置凸形挡台,轨道板不采用纵向连接方式,轨道板的纵横向约束靠凸形挡台。灌注CA砂浆(厚度为50～100mm)给轨道一定的弹性。采用铁垫板弹性分开式扣件系统,无级调高充填式垫板实现线路高低的无级调整。在轨道板底部粘贴20mm厚的微孔橡胶垫板形成减振型无砟轨道。

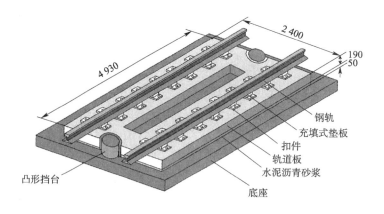

图 2-13　单元板式无砟轨道结构示意图(尺寸单位:mm)

单元板式无砟轨道的主要优点：

(1)采用后张法，避免了先张法的预应力自由锚固区，减小了板的宽度，降低了轨道结构自重。

(2)轨道结构采用凸形挡台结构，轨道板单独成一单元，便于轨道结构的维护。

(3)充填式垫板解决了轨道高低调整及轨道板翘曲引起的变形。

(4)轨道板生产和现场铺设方法简单可靠、灵活机动。

单元板式无砟轨道的主要缺点：

(1)轨道板变形后只能靠充填垫板调整。

(2)设置凸形挡台，使其成为轨道的主要受力构件，且成为轨道结构的薄弱环节。日本由于凸形挡台处砂浆容易破坏，国内设计采用灌注树脂的方式保证该部位的耐久性能，但造价提升很高。

(3)如存放不当，轨道板易翘曲变形。

2. 轨道板预制

轨道板预制在制板厂进行，轨道板在一定范围内供应较为经济，一般控制在30km内，最大不超过50km。轨道板预制施工工艺流程图如图2-14所示。

3. 现场铺设流程及工艺

单元板式无砟轨道一般采用线间运输轨道法施工，工艺流程图如图2-15所示。

4. 专用机具设备

单元板式无砟轨道的主要施工机具包括混凝土施工设备、轨道板吊装设备、轨道板运输设备(图2-16、图2-17)、轨道板铺设设备、轨道板空间状态调整设备、水泥乳化沥青砂浆搅拌灌注设备、凸形挡台周边树脂灌注设备、充填式垫板施工设备及无缝线路施工设备等。

铺设设备主要包括铺板机和运铺一体机等。轨道板调整设备主要包括三角规、三向千斤顶和三向吊架等。水泥乳化沥青砂浆搅拌灌注一般采用一体化设备。凸形挡台周边树脂搅拌设备一般为手持式搅拌机，灌注则采用量杯分装后人工进行。充填式垫板用树脂填充，一般人工拌和树脂，将其倒入灌注器，进行压注。

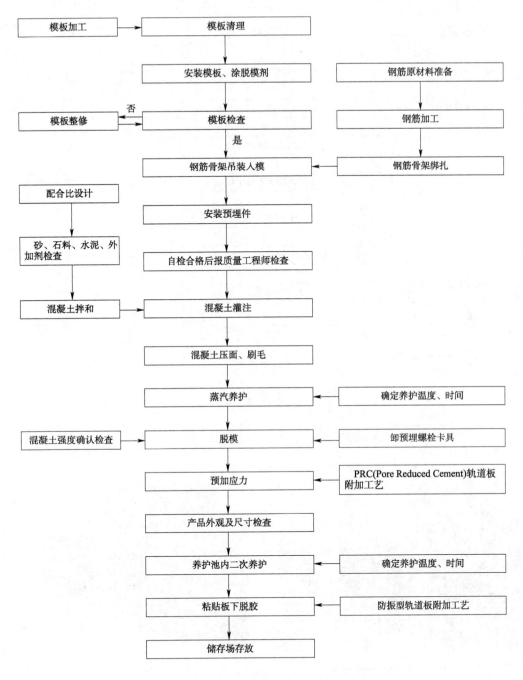

图 2-14 轨道板预制施工工艺流程图

5. 质量控制及评定

施工控制测量、基准器设置、轨道板预制质量标准、底座及凸形挡台、轨道板铺设、水泥乳化沥青砂浆灌注质量、凸形挡台周边树脂灌注质量、轨道状态精调质量等施工质量符合设计、评定标准。

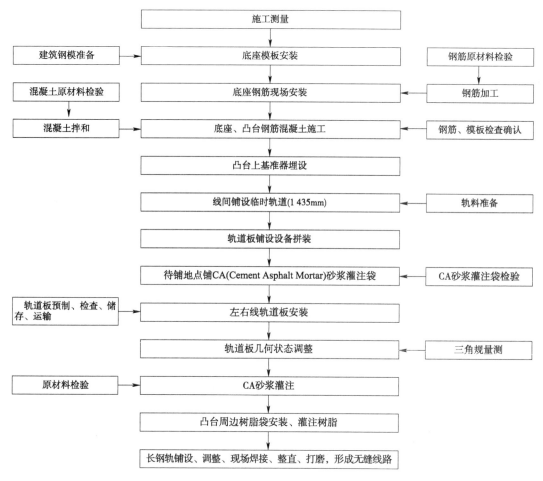

图2-15 线间运输轨道法施工工艺流程图

图2-16 平板卡车运板作业图

图2-17 专用运板车

四、纵连板式无砟轨道施工

纵连板式无砟轨道系统是一种预制板式无砟轨道。该系统采用预应力结构和板间纵向连接方式解决耐久性问题,利用先进的数控磨床加工预制轨道板上承轨槽和使用快速方便的测量系统以满足高速铁路对轨道几何尺寸的精度要求,并采用高性能水泥乳化沥青砂浆层为轨道提供竖向支承以及适当的轨道弹性。

1. 结构组成及特点

纵连板式无砟轨道结构包括路基上纵连板式无砟轨道(图2-18)和桥上纵连板式无砟轨道两种类型。路基和桥梁过渡段采用轨道板与端刺摩擦板结构过渡。

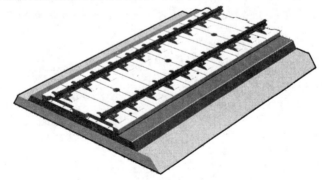

图2-18 路基上纵连板式无砟轨道

桥上纵连板式无砟轨道的轨道板、水泥乳化沥青砂浆、钢轨、扣件等与路基上纵连板式无砟轨道相同,与路基上纵连板式无砟轨道的主要区别在于以下几点。

(1)铺设滑动。桥梁面上没有级配碎石防冻层,而是在验收合格的梁面上施作喷涂防水层、5mm厚的两布一膜滑动层和梁端缝、5cm厚的硬泡沫塑料板,使底座板与梁面可相对滑动。

(2)纵连底座板。桥上纵连板式无砟轨道采用的是C30的钢筋混凝土底座而路基上纵连板式无砟轨道采用的是C14素混凝土支承层。

(3)端刺及固结机构。为了适应底座板连续结构,在桥梁两端路基上设置摩擦板及端刺,以限制底座板中的应力及温度变形,两端刺间底座板纵向跨梁缝连续,在桥梁固定支座上方设置预埋螺纹钢筋和抗剪齿槽与梁体固结,形成底座板纵向传力机构。

(4)限位挡块。底座板两侧设置C、D型侧向挡块,限制底座板、轨道板横、竖向位移和翘曲。

(5)硬泡沫塑料板。在梁端接缝处纵向两侧1.5m范围内铺设泡沫塑料板(1.5m + 0.1m + 1.5m),厚5cm,宽度与轨道板一致,硬泡沫塑料板可以减缓梁端转角对底座板、扣件等的不利影响。

2. 轨道板预制及打磨

轨道板是在工厂中按照设计提供的逐块轨道板参数,通过预制坯板、存放,在轨道板专用的精密磨床上进行磨削,使轨道板尤其是承轨台的几何尺寸能够与轨道板在线路上安装的位置完全匹配,最后达到铺设高精度轨道系统的要求。

(1)预制。

预制的过程主要有模板安装、预应力筋下料、钢筋编组及预埋件安装、施加预应力、混凝土配制和浇注、混凝土养护、预应力放张及轨道板脱模等。

(2)中间存放、磨削。

沿线存放时,地基应平整密实,下面用方木在指定部位支垫,存放层数宜为2~4层,不应超过10层。

轨道板(坯板)存放28d之后,经过翻转、切割钢筋余头,通过自动化滚轮运输线送至轨道板专用磨床,按照布板设计的数据进行打磨,并在板的端头磨制出规定的编号,最后安装弹条扣件系统,装配好的轨道板经绝缘测试和质量检测后,通过横向运输车运至成品库。

3. 现场施工流程及工艺

纵连板式无砟轨道施工分路基上和桥上两种情况。路基上纵连板式无砟轨道施工工艺流程如图2-19所示。

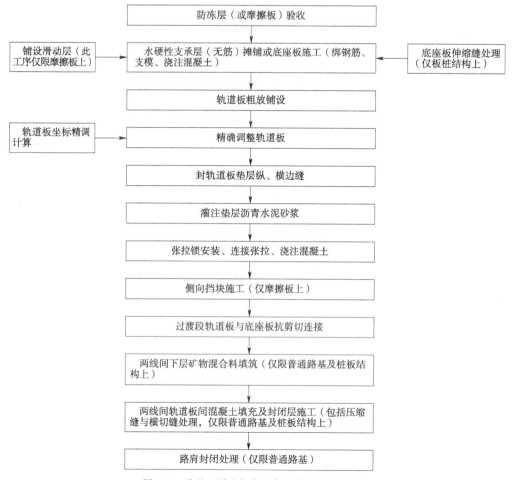

图2-19 路基上纵连板式无砟轨道施工工艺流程

桥上纵连板式无砟轨道施工工艺流程如图2-20所示。

关键工序:底座板施工、轨道板的铺设、水泥乳化沥青砂浆灌注、轨道板纵向连接及接缝处理、侧向挡块施工、端刺及摩擦板施工和路基线间施工。

钢筋制作:一种方法是加工场利用胎具分片绑扎、现场吊装成型;另一种方法是现场绑扎成型(图2-21)。

轨道板的铺设,底座板及后浇带混凝土强度大于20MPa,且混凝土浇筑时间大于两天,可粗铺轨道板,其工序为:轨道板运输、安装定位锥和测设轨道基准点、测量标注轨道板板号、轨道板吊装、轨道板粗铺定位、轨道板的精调、纵横向封边、固定、制浆、灌浆、拆除压紧装置和调节轴、窄接缝填充、张拉和宽接缝填充。

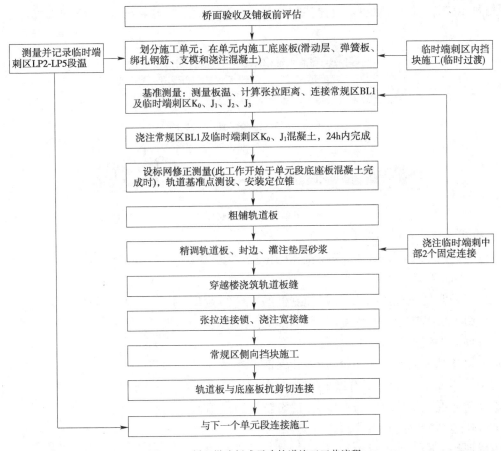

图 2-20 桥上纵连板式无砟轨道施工工艺流程

图 2-21 桥上钢筋现场绑扎

五、双块式无砟轨道施工

双块式无砟轨道是将预制好的双块式轨枕,在现场通过浇注混凝土的方式将轨枕埋入混凝土道床板中或将轨枕"振入"混凝土道床板中,使轨枕与混凝土道床板成为一个整体的无砟轨道结构形式。其特点是整体性强、稳定性好。

1. 轨道结构组成及特点

我国双块式无砟轨道结构(图 2-22)分为 CRTS I 型和 CRTS II 型两种,两种无砟轨道的结构类型相同,由钢轨、扣件、双块式轨枕(图2-23)、现浇混凝土道床、支承层或底座板组成。

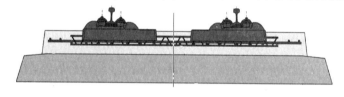

图2-22 双块式无砟轨道结构

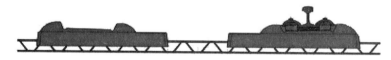

图2-23 双块式轨枕

双块式无砟轨道的主要有以下优点:

(1)道床混凝土灌注成型,未设特殊的垫层(如板式轨道的CA砂浆)均为常规的施工工艺,利于掌握及革新技术。

(2)采用常规轨枕的结构形式,预制件的生产经验及生产设备利于掌握。

(3)由于采用单根枕,平整度利于保证,避免了板式轨道需模型精细加工或车床加工等工序。

(4)预制件较小,运输吊装方便。

(5)轨道基本为混凝土构筑,耐久性保证概率高。

双块式无砟轨道的主要有以下缺点:

(1)新老混凝土接合面易产生裂纹,裂纹控制较困难。

(2)轨道结构宽度较板式轨道宽,自重大。

(3)现场混凝土施工量大。

(4)采用工具轨施工,质量受工具轨、扣件的影响。工具轨的刚度、热膨胀形等影响轨道精度。

两种双块式无砟轨道的主要区别在于施工工艺的不同。CRTS Ⅰ型双块式无砟轨道施工方法有机组法、排架法、轨排框架法。CRTS Ⅱ型双块式无砟轨道施工时,先在现场浇筑道床板混凝土,然后利用测设好的支脚将现场组装的小轨排(小轨排通过轨枕固定架组装,轨排长度一般为3.25m)嵌入新浇筑的混凝土中,成型后拆除轨枕固定架。

2.双块式轨枕预制

双块式轨枕预制的生产工艺流程如图2-24所示。

3.现场施工流程及工艺

桥上CRTS Ⅰ型双块式无砟轨道的施工工艺流程如图2-25所示。

部分关键工艺:双块式轨枕运输和线间存储、散枕、螺杆调节器的运输和散布、螺杆调节器夹具组合装置的安装、轨排粗调、螺杆调节器中螺杆的安装及调整、纵向模板安装和连接、轨道精调、桥上CRTS Ⅰ型双块式无砟轨道。

4.专用机具设备

CRTS Ⅰ型双块式无砟轨道施工所需主要设备有混凝土搅拌站、混凝土运输车、混凝土泵车、混凝土输送泵、滑模摊铺机、钢筋加工设备、轨料运输车、轨枕抓取装置、工具轨掉送装运车、轨排粗调机、横向模板拆安机、纵向模板拆安机、汽车吊和龙门吊等。

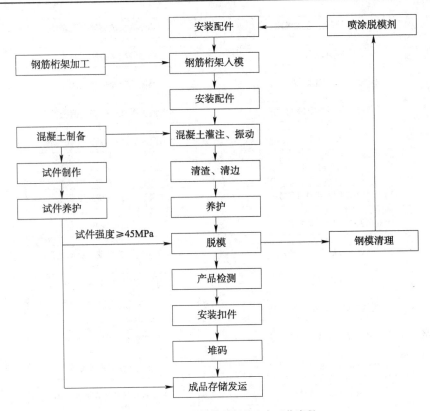

图 2-24 双块式轨枕预制的生产工艺流程

5. 质量控制及评定

双块式轨枕质量、桥上底座的外形尺寸允许偏差、道床板的外形尺寸允许偏差等符合评定标准。

六、整体道床轨道施工

整体道床是一种在坚实基底上直接浇注混凝土以取代传统有砟轨道层的轨下基础。常用于铁路隧道、地下铁路、无砟桥梁上以及有特殊要求、基础经过适当处理的土质路基上。

1. 结构组成及特点

整体道床轨道具有以下优点：整体性强,平顺性、刚度均匀性好,稳定性好；轨道几何形位易于保持,有利于铺设无砟轨道及高速行车；轨道变形相对较小,发展缓慢,从而可以大量减少养护维修工作；自重轻、外形美观、简洁易清洗等。

地铁隧道整体道床结构如图 2-26 所示。

2. 铺轨方法

短轨枕式整体道床轨道铺轨施工方法可分为两种。

一是换轨铺设法,即首先用工具轨铺设整体道床,永久轨在隧道外焊接成长轨后,再运至隧道内换铺。

二是一次铺设法,不用工具轨,一次铺设无缝线路,即用 25m 标准长度的钢轨铺设。

图 2-25　桥上 CRTS Ⅰ 型双块式无砟轨道的施工工艺流程

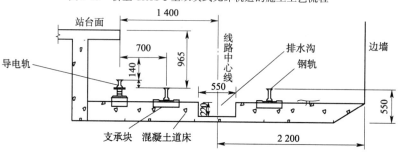

图 2-26　地铁隧道整体道床结构(尺寸单位:mm)

(1)换轨铺设法。

施工程序如下:

短轨枕式整体道床施工程序为:清理道床基底、凿毛→铺轨基标测设→铺设小龙门吊走行轨→铺设底部钢筋→安装轨排→轨排初调精调正位→浇筑轨排支撑墩→浇筑道床混凝土→拆除小龙门吊走行轨→浇筑水沟混凝土。

具体铺设时,可采取三种不同的换铺方法:长轨运输法、长轨排运输法和短轨排运输法。

(2)一次铺设法。

地铁隧道内整体道床长轨排法一次铺设,可从最大限度地减少洞内焊接,无需替换轨,提高了铺轨质量和速度。该工法重点要解决长轨排在小曲线、大坡度的运输问题以及铺设过程中龙门吊组的同步问题。

长轨排法与一次换铺法相比,不用工具轨,其他相同。就是在铺轨基地内将25m的钢轨焊接并拼装成125m的长轨排,再用特制的轨排运输车运至地铁隧道内;然后用专用龙门吊组吊装就位,并在洞内进行联合接头气压焊接,经过精调、固定就位后,浇注整体道床。

3. 整体道床施工流程

整体道床轨道施工流程为:道床基面处理→基标设置→(支撑块预制)架轨(器材运输)→初步调整→安装支撑块→精确调整→支撑墩→拆除支架→接触轨支撑块→道床混凝土(接触轨)→调整锁定→工程验收→通车试验。

4. 施工质量控制措施

施工时应按下列措施控制施工质量。

(1)整体道床轨道施工分别有清理道床基底并凿毛、铺设小龙门吊走行轨、铺设道床钢筋、轨排铺设与调整、浇注支承墩、浇注道床混凝土、浇注两侧水沟混凝土等工序。为确保施工正常进行,各工序间应有适当间隔,以减少施工干扰,避免窝工,实现流水作业。

(2)道床的基面必须干燥、无水、坚实和稳定,与混凝土接触的墙面和底板必须凿毛。

(3)小龙门吊是轨排、道岔、钢筋、混凝土等材料吊运不可少的机具设备,应根据施工进度要求配备足够的小龙门吊以及铺设一定长度的龙门吊走行轨道,以满足施工要求。

(4)在仰拱或底板设置的基标应妥善保护。

(5)在振捣浇注混凝土时严禁触及钢轨支撑架和支撑块,支撑块下的混凝土应加强振捣密实。

(6)整体道床早期养护与两侧排水沟混凝土的浇注应拉开一定距离,以确保强度的自然增长,不致造成道床开裂、压溃等质量问题;混凝土初凝前及时进行抹面,做好排水坡度,中心水沟应一次抹平;混凝土终凝后及时洒水养护,并用草袋覆盖,避免表面开裂。

(7)道床混凝土浇注前应按图纸核对道床横向排水沟、预留道岔转辙机拉杆沟槽,通信、动照、信号、防杂散电流电缆等过轨套管埋设,无误后浇注道床混凝土,避免道床成型后再开挖,造成道床先天病害。

七、浮置板轨道施工

浮置板轨道结构是一种质量—弹簧减振系统,是降低地铁振动和噪声的最有效方法。浮置板轨道在我国地铁减振降噪要求很高的地段得到了大量应用。

1. 轨道结构及特点

浮置板轨道结构主要由钢轨、扣件、浮置板、隔振器(钢弹簧、橡胶弹簧或橡胶复合弹簧)、混凝土底座板等组成。浮置板轨道是将具有一定质量和刚度的混凝土道床板浮置在钢弹簧(或橡胶)隔振器上,构成质量—弹簧隔振系统。隔振器内放有螺旋钢弹簧(或橡胶垫)和黏滞阻尼。浮置板轨道结构主要分钢弹簧、橡胶弹簧和橡胶复合弹簧三种类型。钢弹簧浮置板轨道结构如图2-27所示。

浮置板轨道的显著特点是良好的减振降噪性能,缺点是造价较高。

2. 钢弹簧浮置板轨道施工

钢弹簧浮置板轨道施工的主要施工流程如图2-28所示。

施工注意事项如下。

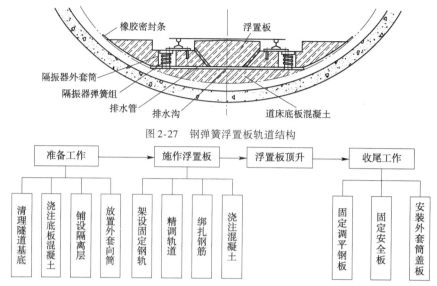

图 2-27 钢弹簧浮置板轨道结构

图 2-28 钢弹簧浮置板轨道施工流程

钢筋施工方面:除按照图纸要求布筋外,尤其注意外套筒周围钢筋的布置。钢筋网要与外套筒上伸出的钢筋连接,以确保在浇注其间外套筒的固定。另外,要确保塑料隔离层不被损坏。

混凝土浇筑方面:应使用缓凝水泥以便产生较少的水化热,严禁使用外加剂加速凝固;选用的砂子中不得含泥土、动植物或其他有机质;选用的粗集料中不得含砂、土、盐、石灰、沥青、陶土和其他有害成分;应使用振捣棒振捣密实。振捣时不应触及钢筋笼和隔振器外套筒,以免影响其正确位置。钢筋笼和预埋件就位后,须经监理工程师组织现场联合验收后方可浇注混凝土;浮置板达到设计强度并得到监理工程师同意后才可以顶升。

3. 橡胶弹簧浮置板轨道施工

橡胶弹簧浮置板轨道施工工艺流程如图 2-29 所示。

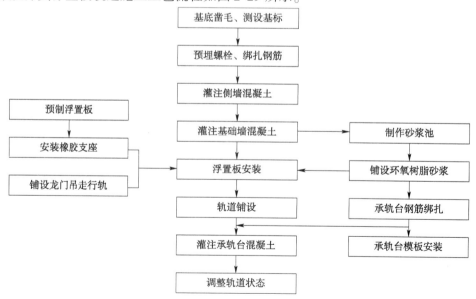

图 2-29 橡胶弹簧浮置板轨道施工工艺流程

部分关键工艺:安装板下橡胶支座、浮置板吊装、安装纵向支座、安装侧向支座。

施工注意事项:浮置板施工具有作业难度大、技术标准高、允许偏差小、系统性强的特点,在施工过程中必须从以下几方面进行质量控制才能确保施工工期和施工质量。

①浮置板的几何尺寸、橡胶支座凹槽的位置、凹槽中心距和凹槽直径、深度及其平整度必须完全符合工艺标准。

②环氧树脂砂浆池顶面高程施工误差为 ±5mm,单块浮置板范围内环氧树脂砂浆池间相对高差不大于 5mm,砂浆池深度大于 10mm。

③侧墙之间的净距主要是控制两侧墙间安装侧向支座位置的净距和平整度,其净距不得为负误差,平整度控制在 0～2mm 的范围内。

④浮置板地段测设轨道外移桩和浮置板吊装中线桩轨道外移桩相对线路中线的法线距离为 1.45m,高度为轨面设计高度以下 390mm,浮置板吊装中线桩在直线上与线路中线重合,在曲线上按平分中矢布置,防止浮置板偏载。

⑤为了防止露筋,曲线地段承轨台钢筋弯折高度按下式计算:曲线内股钢筋的弯折高度取:$140mm - h/2$;曲线外股钢筋的弯折高度取:$140mm + h/2$(h 为曲线超高)。

4. 橡胶复合弹簧浮置板轨道施工

橡胶复合弹簧浮置板轨道施工程序:基标测设→隔振器底板安装→铺设隔离层→安装隔振器外套筒→轨道组装及调整→钢筋绑扎→混凝土浇注→浮置板顶升→浮置板高程调整。

质量控制要求如下。

(1)施工完成后浮置板的施工误差应满足下列要求:

①隔振器外套筒位置误差为 ±3mm。

②剪力铰安装位置误差为 ±5mm。

③每块浮置板的长度误差为 ±12mm。

④每块浮置板的宽度误差为 ±5mm。

⑤浮置板的厚度误差为 ±5mm。

⑥浮置板接头之间的间隙误差为 ±3mm,其他按《地下铁道工程施工及验收规范》(GB 50299—2003)处理。

(2)施工中应注意的问题如下。

①由于浮置板道床采用 WJ-2 型扣件直埋的整体浇注的道床形式,铁垫板下的绝缘胶垫底面与混凝土道床顶面应是同一高度。由于胶垫厚度仅为 5mm,浮置板混凝土浇注高度控制十分困难,稍高会将橡胶垫板埋入混凝土,稍低则会在胶垫下形成空隙。所以,应在原有的橡胶垫板下增加一块钢垫板,直接埋入混凝土内,在钢垫板底面可采用圆弧形状,以利于浇注混凝土时排出气泡。

②在施工中由于桥梁顶面平整度与浮置板施工要求相差甚远,给浮置板施工造成很大困难。应在以后的设计中将桥梁与轨道的设计进行统一协调,以确保浮置板轨道地段的梁面施工误差与浮置板轨道施工要求相一致,以提高工效、缩短工期和保证质量。

八、弹性支承块轨道施工

弹性支承块轨道(LVT 轨道)是在双块式轨枕或两个独立支承块的下部及周围设橡胶套

靴,在块底与套靴间设橡胶弹性垫层,而在双块式轨枕周围及底下灌筑混凝土而成型的减振型轨道。

这种轨道结构的轨下垫板及支承块下的弹性橡胶垫板形成双重弹性,模拟了传统有砟轨道的结构支承特征,且轨道纵向各节点支承刚度趋于一致。由于弹性支承块轨道减振性能较好,因此在我国地铁中得到了较多应用。

1. 轨道结构及特点

弹性支承块轨道结构由钢轨、扣件、双块枕(支承块)、橡胶包套、枕下胶垫、混凝土道床及混凝土底座等组成。双块枕支承在微孔(或泡沫)橡胶垫上,用橡胶包套把橡胶垫套在双块枕上,用水泥砂浆把短轨枕连同橡胶包套与道床混凝土粘牢。

弹性支承块轨道结构的特点为:轨道结构的垂向弹性由轨下和块下双层弹性橡胶垫板提供,最大程度上模拟了弹性点支承传统碎石道床的结构和受荷响应特性,通过双层弹性垫板刚度的合理选择,可使轨道的组合刚度接近有砟轨道的刚度;支承块外设橡胶靴套提供了轨道的纵、横向弹性变形;使这种无砟轨道在承载、动力传递和振动能量吸收诸方面更接近坚实均匀基础上的碎石道床轨道,这种低振动轨道可以弥补无砟轨道的弹性不足,以适应环保对低振动、低噪声的要求。

2. 支承块预制工艺流程图(图 2-30)

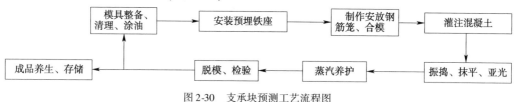

图 2-30 支承块预测工艺流程图

3. 现场施工流程及关键工艺

弹性支承块轨道施工的基本工序为:清洗基底→设置中线控制桩和可调标桩→安设道床钢筋网→吊装轨排→支承块悬挂→轨排组装→调试、连接、精调→安设伸缩缝沥青板→道床混凝土灌注(抹面成型)养生→拆除轨排→进入下个工作循环。

4. 施工质量控制措施

(1)各项工作的目的是使支承块准确定位于道床混凝土中,而轨排是支承块定位的基础,故对轨排的精调显得尤为重要。

(2)精调主要靠轨排的支撑及锁定系统实施,可调余地很小,所以,粗调时的高程及中线应尽量提高精度。

(3)精调时注意各个循环之间的衔接,如测量弦线矢度值时将 0 号、1 号点定在上循环中,2 号点设在本循环中离接头 2.5m 处,高程、中线同样应注意循环之间的顺接。

(4)曲线地段施工根据技术要求做相应调整,轨排精调定位时以曲线的内轨为基准轨。

(5)混凝土施工时应注意支承块下混凝土的捣固,避免欠振和过振,以振至混凝土表面不再下沉、不再出现气泡和表面泛出水泥浆为准。

(6)弹性支承块式整体道床竣工验收标准:弹性支承块式整体道床竣工后按标准验收。

(7)安全控制措施:弹性支承块整体道床施工工作面狭窄,工序多,相互干扰大,需加强调度指挥和安全控制措施。主要安全措施有:轨排吊装时要统一指挥,通行时要振铃警示;

司机、电工等特殊工种要培训后持证上岗;洞内各种电器设备及照明由电工统一安装并经常检修;每班设安全检查员1名,随时检查各项作业中存在的安全隐患。

思 考 题

1. 简述新奥法施工的优缺点。
2. 简述盾构法的施工步骤。
3. 城市轨道隧道施工中,无砟轨道的施工方法有哪些?

第三章 不良地质和特殊地质段隧道施工

第一节 概　　述

在修建隧道时,常遇到一些不利于施工的不良地质和特殊地质地段,如膨胀土围岩、黄土、溶洞、断层、松散地层、流沙和岩爆等。在开挖、支护和衬砌过程中,由于各种因素的影响都可能发生土石坍塌、坑道受压支撑变形、衬砌结构断裂和各种特殊施工问题,严重影响施工进度、安全和质量。隧道穿越含有瓦斯的地层,更是严重地威胁着施工安全。

本章将讲述一些在不良地质和特殊地质条件下进行隧道施工时应掌握的基本知识、采取相应的施工办法和防范措施。

隧道通过不良地质和特殊地质地段施工时应注意以下几点。

(1)施工前应对设计所提供的工程地质和水文地质资料进行详细分析,深入细致地做施工调查,制订相应的施工方法和措施,备足有关机具材料,认真编制和实施施工组织设计,使工程达到安全、优质、高效的目的。反之,即便地质并非不良,也会因准备不足,施工方法不当或措施不力导致施工事故,延误施工进度。

(2)特殊地质地段隧道施工,以"先治水、短开挖、弱爆破、强支护、早衬砌、勤检查、稳步前进"为指导原则。隧道选择施工方法(包括开挖及支护)时,应以安全为前提,综合考虑隧道工程地质及水文地质条件、断面形式、尺寸、埋置深度、施工机械装备、工期和经济的可行性等因素。同时应考虑围岩变化时施工方法的适应性及其变更的可能性,以免造成工程失误和增加投资。

(3)隧道开挖方式,无论是采用钻爆开挖法、机械开挖法,还是采用人工和机械混合开挖法,应视地质、环境、安全等条件合理选用。如用钻爆法施工,光面爆破和预裂爆破技术,既能使开挖轮廓线符合设计要求,又能减少对围岩的扰动破坏。爆破应严格按照钻爆设计施工,如遇地质变化应及时修改完善设计。

(4)隧道通过自稳时间短的软弱破碎岩体、浅埋软岩和严重偏压、岩溶流泥地段、砂层、砾石层、断层破碎带以及大面积淋水或涌水地段时,为保证洞体稳定可采用超前锚杆、超前小钢管、管棚、地表预加固地层和围岩预注浆等辅助施工措施,对地层进行预加固、超前支护或止水。

(5)采用新奥法施工的隧道,为了掌握施工中围岩和支护的力学动态及稳定程度,以及确定施工工序,保证施工安全,应实施现场监控量测,充分利用监控量测指导施工。对软岩浅埋隧道须进行地表下沉观测,这对及时预报洞体稳定状态、修正施工都十分重要。

(6)特殊地质地段隧道,除大面积淋水地段、流沙地段,穿过未胶结松散地层和严寒地区的冻胀地层等,施工时应采取相应的措施外,均可采用锚喷支护方法施工。爆破后如开挖工作面有坍塌可能,应在清除危石后及时喷射混凝土护面。如围岩自稳性很差,开挖难以成型,可沿设计开挖轮廓线预打设超前锚杆。锚喷支护后仍不能提供足够的支护能力时应及早装设钢架支撑加强支护。

(7)当用构件支撑作临时支护时,支撑要有足够的强度和刚度,能承受开挖后的围岩压力。围岩出现底部压力,产生底膨现象或可能产生沉陷时应加段底梁。当围岩破碎极为松软时,应先护后挖,暴露面应用支撑封闭严密。根据现场条件,可结合管棚或超前锚杆等支护,形成联合支撑。支撑作业应迅速、及时,以充分发挥构件支撑的作用。

(8)围岩压力过大,支撑受力下沉侵入衬砌设计断面,必须挑顶(即将隧道顶部提高)时,其处理方法是:拱部扩挖前发现顶部下沉,应先挑顶后扩挖,当扩挖后发现顶部下沉,应立好拱架和模板先灌筑满足设计断面部分的拱圈,待混凝土达到所需强度并加强拱架支撑后,再行挑顶灌筑其余部分。挑顶作业宜先护后挖。

(9)对于极松散的未固结围岩和自稳性极差的围岩,当采用先护后挖法仍不能开挖成型时,宜采用压注水泥砂浆或化学浆液的方法,以固结围岩,提高其自稳性。

(10)特殊地质地段隧道衬砌,为防止围岩松弛,地压力作用在衬砌结构上致使衬砌出现开裂、下沉等不良现象。因此,采用模筑衬砌施工时,除遵守隧道施工技术规范的相关规定施工外,还应注意当拱脚、墙基松软时,灌筑混凝土前应采取措施加固基底。衬砌混凝土应采用高标号或早强水泥,提高混凝土等级,或采取掺速凝剂、早强剂等措施,提高衬砌的早期承载能力。仰拱施工,应在边墙完成后抓紧进行,或根据需要在初期支护完成后立即进行,使衬砌结构尽早封闭,构成环形改善受力状态,以确保衬砌结构的长期稳定坚固。

第二节　膨胀土体地段隧道施工

膨胀土指土中黏土矿物成分主要由亲水性矿物组成,同时具有吸水显著膨胀软化和失水收缩硬裂两种特性且具有湿胀干缩往复变形的高塑性黏性土。决定膨胀性的亲水矿物主要是蒙脱石黏土矿物。我国是世界上膨胀土分布面积最广的国家之一。现已发现膨胀土分布十分广泛。

一、膨胀土的理化特性

膨胀土是颗粒高分散、成分以黏土矿物为主、对环境的湿热变化敏感的高塑性黏土。它是一种吸水膨胀软化、失水收缩干裂的特殊土,工程界常称之为"灾害性土"。

它的主要特征如下:

(1)粒度组成中,黏粒(粒径<2μm)含量大于30%。

(2)黏土矿物成分中,伊利石、蒙脱石等强亲水性矿物占主导地位。

(3)土体湿度增高时,体积膨胀并形成膨胀压力;土体干燥失水时,体积收缩并形成收缩裂缝。

(4)膨胀、收缩变形可随环境变化往复发生,导致土的强度衰减。

(5)属液限大于40%的高塑性土。

(6)属超固结性黏土。

膨胀土在世界范围内分布极广,遍及六大洲。我国是膨胀土分布最广的国家之一,先后有二十多个省区发现了膨胀土。

近地表的浅层膨胀土不仅裂隙特别发育,而且对气候变化特别敏感,是一种典型的非均匀三相介质。土质干湿效应明显,吸水时土体膨胀、软化,强度下降;失水后土体收缩,随之产生裂隙。膨胀土的这种胀缩特性,当含水率发生变化时就会充分显示出来。反复的胀缩导致了膨胀土土体的松散,并在其中形成许多不规则的裂隙,从而为膨胀土表面的进一步风化创造了条件。裂隙的存在破坏了土体的整体性,降低了土体的强度,同时为雨水的侵入和土中水分的蒸发开启了方便之门,于是,天气的变化进一步导致了土中含水率的波动和胀缩现象的反复发生,这进一步导致了裂隙的扩展和向土层深部发展,使该部分土体的强度大为降低,形成风化层。这种风化层的最大深度大致在气候的影响深度范围内,一般为 $1.5\sim 2m$,最大深度可达 $4m$。

膨胀土的应力历史和广义应力历史决定了膨胀土具有超固结性,沉积的膨胀土在历史上往往经受过上部土层侵蚀的作用形成超固结土。膨胀土由于卸荷作用也能引起土体裂隙的发展,边坡的开挖对土体产生了卸荷作用,这种卸荷对土中存在隐蔽微裂隙的膨胀土来说,必然会促进裂隙的张开和扩展,尤其是在边坡底部的剪应力集中区域裂隙面的扩展更为严重,这些区域往往是滑动开始发生的部位。卸荷裂隙的扩展与膨胀土的超固结特性密切相关。

膨胀土的这种胀缩特性、裂隙性、超固结性是膨胀土的基本特性,一般称之"三性",正是由于"三性"复杂的共同作用,使得膨胀土的工程性质极差,而常常对各类工程建设造成巨大的危害。在工程建设中,膨胀土作为建筑物的地基常会引起建筑物因开裂、倾斜而毁坏;作为堤坝的建筑材料,可能在堤坝表面产生滑动;作为开挖介质时则可能在开挖体边坡产生滑坡失稳现象。我国铁路部门在总结膨胀土地区修建铁路时,有"逢堑必滑,无堤不塌"的说法。据估算,在20世纪80年代以前,全世界每年由膨胀土造成的损失至少有50亿美元,中国每年由膨胀土造成的各类工程建筑物破坏的损失也在数亿元以上。膨胀土对工程建设的危害往往具有多发性、反复性和长期潜在性。

二、膨胀土的工程性质

1. 膨胀土的裂隙性

多裂隙性是膨胀土的典型特征,多裂隙构成的裂隙结构体及软弱结构面产生了复杂的物理力学效应,大大降低了膨胀土的强度,导致膨胀土的工程地质性质恶化。长期以来,膨胀土裂隙一直是人们的重点研究内容,但由于膨胀土裂隙演化的不确定性和随机性,其研究进展缓慢,定量化程度低。

膨胀土中普遍发育的各种形态裂隙,按其成因可分为两类,即原生裂隙和次生裂隙;而次生裂隙可分为风化裂隙、减荷裂隙、斜坡裂隙和滑坡裂隙等。原生裂隙具有隐蔽特征,多为闭合状的显微裂隙,需要借助光学显微镜或电子显微镜观察。次生裂隙则具有张开状特征,多为宏观裂隙,肉眼即可辨认。次生裂隙一般又多由原生裂隙发育、发展而成,所以,次生裂隙常具有继承性质。

膨胀土中的垂直裂隙,通常是由构造应力与土的胀缩效应产生的张力应变形成,水平裂隙大多由沉积间断与胀缩效应所形成的水平应力差而产生。裂隙面上的黏土矿物颗粒具有高度定向性,常见镜面擦痕,显蜡状光泽。裂隙面大多有灰白色黏土,薄膜呈条带,富水软化,使土的裂隙结构具有比较复杂的物理、化学和力学特性,严重影响和制约着膨胀土的工程特性。

膨胀土中普遍存在两组以上的裂隙,形成各种各样的裂隙结构体。一般地,从裂隙组合的形状看,膨胀土中的裂隙在平面上都表现为不规则的网状多边形裂隙特征及裂隙分岔现象。网格状多边形裂隙在膨胀土中分布最广,裂隙将膨胀土体切割成一定几何形态的块体,如棱柱体、短柱体、鳞片状及块状等,可将土体层层分割,使膨胀土体具有不连续的特征。这类裂隙存在各种规模和间距,并且同等级的裂隙一般近似表现出等间距的形式。

实际上,自然地质环境中的膨胀土裂隙具有随机分形的特征,大都由不同规模和间距的网状裂隙组成,形成一系列大小不一致的多边形块体,虽然看起来杂乱无章,但具有统计意义上的自相似性。

膨胀土的风化作用强烈,胀缩作用频繁,加剧了膨胀土裂隙的变形和发展,使土中原生裂隙逐渐显露张开,并不断加宽加深,由于地质作用的不均匀性,膨胀土裂隙经常产生分岔现象。

膨胀土裂隙的存在破坏了膨胀土的均一性和连续性,导致膨胀土的抗剪强度产生各向异性特征,且易在浅层或局部形成应力集中分布区,产生一定深度的强度软弱带。膨胀土的多裂隙结构,首先切割土体产生机械破碎,同时,在原先裂隙的基础上又发育了风化裂隙,这就加剧了土体的破碎与破坏程度,使膨胀土具备了物理风化与化学风化的天然破碎条件。裂隙的发育为水的渗入与蒸发创造了良好通道,促进了水在土中的循环,一方面,加剧了土体的干缩湿胀效应,引起土体的变形和破碎;另一方面,有限的淋溶进一步促使化学风化的进行,有利于土体中伊利石和蒙脱石的形成。这种后期的化学风化作用在裂隙结构面上表现最为活泼,其主要标志是在膨胀土中的裂隙面上,普遍发育有灰白色次生蒙脱石黏土条带或薄膜,有的富集呈块。显然,这使膨胀土的亲水性大大增强,常表现在裂隙面上灰白黏土的吸水性要比两侧土体高很多,膨胀性与崩解性也同样增强,这对于土体的稳定性是十分不利的。

膨胀土中各种特定形态的裂隙,是在一定的成土过程和风化作用下形成的,产生裂隙的原因主要是膨胀土的胀缩特性,即吸水膨胀失水干缩,往复周期变化,导致膨胀土土体结构松散,形成许多不规则的裂隙。裂隙的发育又为膨胀土表层的进一步风化创造条件,同时,裂隙又成为雨水进入土体的通道,含水率的波动变化反复胀缩,从而又导致裂隙的扩展。另外,膨胀土的裂隙发育程度,除受膨胀土的物质组成和成土条件控制外,还与开挖土体的时间和气候条件密切相关,卸荷(或开挖)土体中的应力状态发生变化也会导致裂隙产生,或促进裂隙张开和发展。

2. 膨胀土的胀缩性

从土质学观点分析,膨胀土由于具有亲水性,只要与水相互作用,都具有增大其体积的能力,土体湿度也同时随之增加。膨胀土吸水后体积增大而产生膨胀,可使建筑在土基上的道路或其他建筑物产生隆起等变形破坏。如果土体在吸水膨胀时受到外部约束的限制,阻止其膨胀,此时土中产生一种内应力,即膨胀力或称"膨胀压力"。与土体吸水膨胀相反,倘若土体失水,其体积随之减小而产生收缩,并伴随土中出现裂隙。膨胀土体收缩同样可造成其土基的下沉及道路的开裂等变形破坏。

膨胀土—水体系中水介质的变化而引起土中内应力的改变,从而导致土体积的膨胀与收缩。假如只有膨胀土的存在,而没有水介质参与相互作用,或土的含水率保持恒定,不发生水分的迁移变化,所谓土的膨胀与收缩都将不可能显示。有的即使在膨胀土—水体系中出现含水率增加的现象,如土中产生的膨胀力不能突破外部荷载的阻抗,同样也不可能见到有土体积膨胀的现象发生。然而,此时在土体内部确实积蓄了相当的膨胀潜势,一旦膨胀力突破外部阻抗或外部荷载在某种条件下被解除,土体则即刻显示其强烈的膨胀。同样,在膨胀土—水体系中,如果含水率已经减小到一定程度,即土体已处于比较干燥的状态,此时的含水率即使再继续减小,其土体积的收缩也将是很微弱的,然而,一旦吸水膨胀程度则会十分惊人。

由此可见,膨胀土的膨胀与收缩变形的产生,实际上是土中水分的得与失而引起土体积的变化。不过,膨胀土中水分的得失变化是一个相当复杂的物理—化学—力学效应作用的过程。它除了取决于膨胀土本身的物质组成与微结构特征,还与膨胀土所处环境条件有密切关系。地表水与地下水的动态变化可引起土中水分的变化,气候(大气降雨、蒸发、温度)的变化可促使土中水分的迁移、变化,水的渗漏可导致土中水分增加,热力传导可促进土中水分散失,这些都将直接引起膨胀土胀缩变形。

膨胀土的黏土矿物成分中含较多的蒙脱石、伊利石和多水高岭石,这类矿物具有较强的与水结合的能力,吸水膨胀、失水收缩,并具有膨胀—收缩—再膨胀的往复胀缩特性,特别是蒙脱石含量直接决定其膨胀性能的大小,因此,黏土矿物的组成、含量及排列结构是膨胀土产生膨胀的首要物质基础,极性分子或电解质液体的渗入是膨胀土产生膨胀的外部条件。膨胀土的胀缩机理问题亦是黏土矿物与极性水组成的两相介质体系内部所发生的物理—化学—力学作用问题。

膨胀岩土的膨胀性能与其矿物成分、结构连接类型及强度、密实度等密切相关。胶结连接有抑制膨胀的作用,胶结强度越高,越不利于膨胀的发生和发展。结构的疏密程度也影响膨胀量的大小。在力的作用下产生的扩容膨胀效应则在于扩容改变了膨胀岩土的结构连接类型和密实程度,从而使膨胀量发生变化。扩容膨胀效应随力学作用程度不同而各异。当力学作用未使膨胀岩土的胶结连接发生大的改变时,则扩容后的膨胀效应不明显,膨胀以物化作用为主。当力学作用破坏了部分原始胶结连接时,膨胀抑制力有所减弱,膨胀势得以充分发挥,从而促进物化作用膨胀进一步发展。

3. 膨胀土的抗剪强度特性

抗剪强度特性既是土体抗剪切破坏能力的表征,也是验算路基边坡稳定性能的重要参数。其取值受膨胀土胀缩等级、含水率、上覆压力、填筑条件等的影响,其中含水率是主要影响因素。其变化规律是:土体胀缩等级越高,φ 值降低时 c 值变化不大;土体含水率变小,抗剪强度增大;上覆压力增大,c、φ 的值均增大;填筑土体干重度越大,抗剪强度越高,土体含水率越大,抗剪强度越低。但击实土在膨胀后,c、φ 的最大值却出现在最佳含水率击实到最大干重度的时候。

4. 膨胀土的风化特性

膨胀土路基长期暴露在大气环境中，尤其受环境水分变化的影响，极易在表层部分碎裂泥化，形成表面松散层，强度降低。大气环境对膨胀土的风化作用随土层深度的增加而减弱。可通过分析土体内的含水率变化来取得风化深度的近似值，国内有关资料认为，在降雨量和蒸发量差别不大的地区，大气风化作用深度一般为1m左右，但对于长期干旱地区则可达3m，因而风化深度对研究膨胀土路基边坡的稳定性具有重要意义。

三、膨胀土的分类方法

无数工程建设的实践经验告诉我们，把膨胀土误认为普通的非膨胀土，实际上等于给工程建筑物埋下祸根，事后成为建筑物产生严重危害的隐患；反之，如果把普通的非膨胀土错划为膨胀土，则必将增加建筑物的大量工程措施。前者将造成重大工程事故，后者将造成工程的极大浪费，二者都会造成巨大的损失。膨胀土并不可怕，可怕的是由于相关人员判别错误，没有对其采取措施，因而导致工程事故的发生。因此，在膨胀土地区进行工程建设，首先，必须正确区分膨胀土与非膨胀土，划分膨胀土的类别和等级；然后，确定建筑物的设计原则及其相应的工程措施，这是一个很重要的问题。

膨胀土判别的目的是正确区分膨胀土与非膨胀土的界限，以便将膨胀土与其他土类区别开来。对膨胀土进行分类，则是在已经判别为膨胀土的基础上，对膨胀土进行再判别，从而将工程性质基本相同的膨胀土进一步划分为同一类型，工程性质相差较大的划分为不同类型，为工程建设提供合理的参数和科学依据。

膨胀土分类的工程意义在于：

(1) 确定工程处理措施。

(2) 预测可能出现的问题。

关于膨胀土的判别与分类，近几年，国内外开展了大量的研究工作，提出了许多判别与分类方法。但目前还没有一个单一指标能充分表述作为工程环境或工程结构体一部分的膨胀土的复杂性态，因此，利用一些因素的某种组合来对膨胀土进行判别与分类是十分必要的。

根据国家标准《膨胀土地区建筑技术规范》(GB 50112—2013)进行判别，判别现场根据膨胀土的工程地质特征表现为以下几个方面：

(1) 裂隙发育，常有光滑面和擦痕，有的裂隙中充填着灰白、灰绿色黏土，在自然条件下呈坚硬或硬塑状态。

(2) 多出露于二级或二级以上阶地、山前和盆地边缘丘陵地带，地形平缓，无明显自然陡坎。

(3) 常见浅层塑性滑坡、地裂，新开挖(槽)易发生坍塌等。

(4) 建筑物裂缝随气候变化而张开和闭合。

判别指标：自由膨胀率 $Fs \geqslant 40\%$。自由膨胀率试验参照《土工试验规程》(SL 237—1999)。根据自有膨胀率划分膨胀土的膨胀潜势等级，如表3-1所示。

膨胀潜势等级划分　　　　　　　　　　　　　　　　表3-1

自由膨胀率 $Fs(\%)$	$40 \leqslant Fs < 65$	$65 \leqslant Fs < 90$	$Fs \geqslant 90$
膨胀潜势	弱	中等	强

四、膨胀土围岩对隧道的影响及注意事项

1. 膨胀土围岩的特性

隧道穿过膨胀土地层,开挖后不久,常常可以见到围岩因开挖而产生变形,或者因浸水而膨胀,或因风化而开裂等现象。使坑道的顶部及两侧向内挤入,底部鼓起,随着时间的增长导致围岩失稳,支撑、衬砌变形和破坏。这些现象说明膨胀土围岩性质是极其复杂的。它与一般土质的围岩性质有根本区别。

膨胀土围岩的基本特性,主要有以下三个方面:

(1)膨胀土围岩大多具有原始地层的超固结特性,使土体中储存较高的初始应力。当隧道开挖后,引起围岩应力释放,强度降低,产生卸荷膨胀。因此,膨胀土围岩常常具有明显的塑性流变特性,开挖后将产生较大的塑性变形。

(2)膨胀土中发育有各种形态的裂隙,形成土体的多裂隙性。膨胀土围岩实际上是土块与各种裂隙和结构面相互组合形成的膨胀土体。由于膨胀土体在天然原始状态下具有高强度特性,隧道开挖后洞壁土体失去边界支撑而产生胀缩,同时因风干脱水使原生隐裂隙张弛,使围岩强度急剧衰减;因此,在隧道施工开挖过程中,常有初期围岩变形大、发展速度快等现象;

(3)膨胀土围岩因吸水而膨胀,因失水而收缩,土体中干湿循环产生胀缩效应,一是使土体结构破坏,强度衰减或丧失,围岩压力增大;二是造成围岩应力变化;三是膨胀压力或收缩压力,都将破坏围岩的稳定性,特别是膨胀压力将对增大围岩压力起叠加作用。

2. 膨胀土围岩对隧道施工的危害

膨胀土围岩的特殊工程地质性质及其围岩压力特性,使膨胀土的隧道围岩具有普遍外裂、内挤、坍塌和膨胀等变形现象。膨胀土隧道围岩变形常具有速度快、破坏性大、延续时间长和整治较困难等特点。

膨胀性围岩对隧道施工的影响简述如下:

(1)围岩普通开裂。

隧道开挖后,由于开挖面上膨胀土体的原始应力释放而产生开裂,又因表层土体外露风干而失水产生收缩裂缝。这两种因素促使膨胀土围岩裂缝宽度扩大,尤其拱部围岩更容易产生张拉裂缝与上述裂缝贯通,形成拱顶局部变形区——脱离区。

(2)坑道下沉。

由于坑道下部膨胀土体的承载力较低,加之坑道上部围岩压力过大,坑道下沉变形明显。另外,隧道只能采用分部开挖,在后部工序开挖暴露的围岩出现风化膨胀,产生较大的收缩地压力,加上坑道下沉变形,都会使支撑过度变形或折断、失效、破坏,从而引起围岩土体坍塌、挤压和膨胀变形等。

(3)围岩膨胀突出和坍塌。

在隧道坑道开挖过程中和开挖后,围岩产生膨胀变形,周边膨胀土体向洞内膨胀凸出,造成开挖断面缩小。在膨胀土体丧失支撑力(支撑失效)或支撑力度不够的状态下,围岩压力与膨胀压力的叠加作用使围岩土体产生局部破坏形成坍塌现象。

(4)隧道底部隆起。

坑道底部开挖后,洞底围岩的上部竖向压力解除,尚无仰拱支护体约束时,由于膨胀地压力释放,洞底围岩产生卸荷膨胀;又因坑道易积水,洞底土体产生浸水膨胀,造成洞底隆起变形。

(5)衬砌变形和破坏。

模筑混凝土衬砌中,常发生下列影响。

①拱顶受挤压下沉,也有的向上突起。拱顶外缘经常出现纵向贯通张拉裂缝(一般是在拱圈封顶后几小时到几天内出现),而拱内缘出现鱼鳞状挤裂、脱皮、掉块现象。

②拱腰部位出现纵向裂缝,这些裂缝有时可逐渐发展到张开、错台。

③当采用直墙式边墙时,边墙常受膨胀侧压而开裂,甚至张开、错台。少数曲边墙也会出现水平裂缝的情况。

④当底部未做仰拱或未做一般铺底时,有时会出现底部隆起、铺底被破坏现象。

3. 膨胀土围岩隧道施工要点

(1)加强调查、量测围岩的压力和流变。

在膨胀土地层中开挖隧道,除了认真实施设计文件所提出的技术要求外,在施工过程中应对围岩压力及其流变情况进行充分的调查和量测,分析其变化规律。对地下水亦应探明分布范围及规律,了解水对施工的影响程度,以便根据围岩动态采取相应的施工措施;如原设计难以适应围岩动态情况,也可据此做适当修正。

(2)合理选择施工方法。

膨胀土隧道围岩压力的施工效应是导致隧道变形危害的主要原因。采用合理的施工方法对隧道的稳定性有十分重要的作用。因此,在施工中应以尽量减少对围岩产生扰动和防止水的浸湿为原则,宜采用无爆破掘进法。例如,采用掘进机、风镐、液压镐等开挖,在开挖过程中尽可能缩短围岩暴露时间,并及时衬砌,以尽快恢复洞壁因土体开挖而解除的部分围岩应力,减少围岩膨胀变形程度,开挖方法宜不分部或少分部,多采用正台阶法、侧壁导坑法和"眼镜法",正台阶法适用于跨度小的隧道,它因分部少相互干扰小,且能较早地使支护(衬砌)闭合。侧壁导坑法比"眼镜法"更适用于跨度大的隧道,它具有防止上半断面支护(衬砌)下沉的优势,但全断面闭合时间较迟,必须注意防止边墙混凝土因受压向隧道内挤。

(3)防止围岩湿度变化。

隧道开挖后,膨胀土围岩风干脱水或浸水,都将引起围岩体积变化,产生胀缩效应,因此,隧道开挖后应及时喷射混凝土、封闭和支护围岩。在有地下水渗流的隧道,应采取切断水源并加强洞壁与坑道防、排水措施,防止施工积水浸湿围岩等。如局部渗流,可注浆堵水阻止地下水进入坑道或浸湿围岩。

(4)合理进行围岩支护。

膨胀土围岩支护必须适应围岩的膨胀特性。在施工时应注意以下几点:

①喷锚支护,稳定山岩。喷锚支护作为开挖膨胀土围岩的施工支护,可以加强围岩的自承能力,允许有一定的变形而又不失稳。采用喷锚支护措施,应紧跟开挖,必要时在喷射混凝土的同时,采用钢筋网,也可采用钢纤维混凝土提高喷层的抗拉和抗剪能力。当膨胀压力很大时,可用锚喷及钢架或格栅联合支护,在隧道底部打设锚杆,也可以在隧道顶部打入超

前锚杆或小导管支护。膨胀土围岩隧道的支护,尽可能地使其在开挖面周壁上迅速闭合。如果是台阶开挖,可在上半部开挖后尽快做半部闭合,使围岩尽早受到约束。总之,不论采用哪种类型的支护,都必须根据工程实际情况及围岩变形状态而定。

②衬砌结构及早闭合。膨胀上围岩隧道开挖后,围岩向内挤压变形一般是在四周同时发生,所以,施工时要求隧道衬砌及时封闭。从理论上讲,拱部、边墙及仰拱宜整体完成,衬砌受力条件最好。但受施工条件的限制往往难以实现。因此,在灌筑拱圈部分时,应在上台阶的底部先设置临时混凝土仰拱或喷射混凝土做临时仰拱,以使拱圈在边墙、仰拱未完成时,自身形成临时封闭结构。然后,当进行下部台阶施工时,再拆除临时仰拱,并尽快灌注永久性仰拱。

第三节 黄土地段隧道施工

黄土在我国分布较广。黄河中游的河南西部、山西南部、陕西和甘肃的大部分地区为我国黄土和湿陷性黄土的主要分布区。这些地区的黄土分布厚度大、地层连续,发育亦较典型。其他地区如河北、山东、内蒙古和东北各地以及青海、新疆等地亦有所分布。

一、黄土的颗粒组成及湿度、密度

1. 黄土的颗粒组成

黄土是在干燥的气候条件下形成的一种具有褐黄、灰黄或黄褐等颜色,并有针状大孔、垂直节理发育的特殊性土。大部分黄土具有湿陷性,下沉稳定的黄土在受水浸湿后,土结构迅速破坏,并产生显著下沉,对隧道施工产生巨大的威胁。因此,选择怎样的施工工艺、工法,将直接关系到黄土隧道施工的安全和稳定性。

我国湿陷性黄土的颗粒主要为粉土颗粒,占总质量的50%~70%,而粉土颗粒中又以0.05~0.01mm的粗粉土颗粒为主,约占总的40%~60%,小于0.005mm的黏土颗粒较少,占总质量的14%~28%,大于0.1mm的细砂颗粒占总重的5%以内,基本上无大于0.25mm的中砂颗粒。从表3-2可见,湿陷性黄土的颗粒从西北向东南有逐渐变细的规律。

湿陷性黄土的颗粒(mm)组成 表3-2

地名	>0.05		0.05~0.01		0.01~0.005		<0.005	
	平均值	常见值	平均值	常见值	平均值	常见值	平均值	常见值
兰州	19	10~25	57	50~65	10	5~10	14	5~25
西安	9	5~15	50	40~60	16	10~20	25	20~30
洛阳	11	5~15	48	40~60	13	10~15	28	20~35
太原	27	15~35	50	40~60	7	5~15	16	10~20
延安	24	20~30	48	40~55	11	9~15	17	10~25

上述颗粒的矿物成分,粗颗粒中主要是石英和长石,黏粒中主要是中等亲水性的伊利石(表3-3)。此外,黄土又含较多的水溶盐,呈固态或半固态分布在各种颗粒的表面。

湿陷性黄土的矿物成分和水溶盐含量　　　　　表3-3

地区	粗颗粒的主要矿物	细颗粒的主要矿物	水溶盐含量(%)		
			易溶盐	中溶盐	难溶盐
山西	石英、长石	伊利石	0.02~0.66	极少	11~13
陕西	石英、长石	伊利石	0.03~0.95	极少	9~14
甘肃	石英、长石	伊利石	0.10~0.90	0.5~1.4	10

湿陷性黄土是干旱或半干旱气候条件下的沉积物,在生成初期,土中水分不断蒸发,土孔隙中的毛细作用使水分逐渐集聚到较粗颗粒的接触点处。同时,细粉粒、黏粒和一些水溶盐类也不同程度地集聚到粗颗粒的接触点形成胶结。

试验研究表明,粗粉粒和砂粒在黄土结构中起骨架作用,由于在湿陷性黄土中砂粒含量很少,而且大部分砂粒不能直接接触,能直接接触的大多为粗粉粒。细粉粒通常依附在较大颗粒表面,特别是集聚在较大颗粒的接触点处与胶体物质一起作为填充材料。

黏粒以及土体中所含的各种化学物质如铝、铁物质和一些无定型的盐类等,多集聚在较大颗粒的接触点起胶结和半胶结作用,作为黄土骨架的砂粒和粗粉粒,在天然状态下,由于上述胶结物的凝聚结晶作用被牢固地黏结着,故使黄土具有较高的强度,而遇水时,水对各种胶结物有软化作用,土的强度突然下降便产生湿陷。

2. 黄土的湿度和密度

湿陷性黄土之所以在一定压力下遇水时产生显著附加下沉,除上述在遇水时颗粒接触点处胶结物的软化作用外,还在于土的欠压密状态。干旱气候条件下,无论是风积还是坡积和洪积的黄土层,其蒸发影响深度大于大气降水的影响深度,在其形成过程中,充分的压力和适宜的湿度往往不能同时具备,导致土层的压密欠佳。接近地表2~3m的土层,受大气降水的影响,一般具有适宜压密的湿度,但此时上覆土重量很小,土层得不到充分的压密,便形成了低湿度、高孔隙率的湿陷性黄土。

湿陷性黄土在天然状态下保持低湿和高孔隙率是其产生湿陷的充分条件。我国湿陷性黄土分布地区大部分年平均降雨量为250~500mm,而蒸发量却远远超过降雨量,因而湿陷性黄土的天然湿度一般在塑限含水率左右,或更低一些。我国湿陷性黄土的天然含水率、塑限、液限如表3-4所示。

我国湿陷性黄土的天然含水率、塑限、液限　　　　　表3-4

地名	天然含水率(%)		塑限(%)		液限(%)	
	平均值	常见值	平均值	常见值	平均值	常见值
兰州	11	7~16	17	14~20	27	20~30
西安	19	12~25	18	15~22	32	25~37
太原	14	5~20	17	15~20	26	20~30
子长	14	7~20	19	18~20	28	25~30
延安	14	7~20	18	16~22	29	25~33
平凉	16	12~22	19	16~22	30	25~35

根据其物理性质不同,按塑性指数(I_p)的大小可分为黄土质黏砂土($1<I_p\leq7$),黄土质

砂黏土($7 < I_p \leqslant 17$)及黄土质黏土($I_p > 17$)。

在竖向剖面上,我国湿陷性黄土的孔隙(表3-5)一般随深度增加而减小,其含水率则随深度增加而增加,有的地区这种现象比较明显,为此较薄的湿陷性土层往往不具自重湿陷或自重湿陷不明显。

我国湿陷性黄土的孔隙 表3-5

地 名	孔 隙 比 e	
	平均值	常见值
兰州	1.08	0.85~1.27
西安	1.04	0.85~1.22
太原	0.96	0.82~1.13
洛阳	0.93	0.82~1.03
延安	1.17	1.00~1.32
子长	1.04	0.89~1.22

二、黄土地层对隧道施工的主要影响

1. 黄土节理

在红棕色或深褐色的古土壤黄土层,常具有各方向的构造节理,有的原生节理呈 X 形,成对出现,并有一定延续性。在隧道开挖时,土体容易顺着节理张松或剪断。如果这种地层位于坑道顶部,则极易产生"塌顶"。如果位于侧壁,则普遍出现侧壁掉土,若施工时处理不当,常会引起较大面积的坍塌。

2. 黄土冲沟地段

隧道在黄土冲沟或塬边地段施工时,当隧道在较长的范围内是沿着冲沟或塬边平行走向,而在覆盖较薄或偏压很大的情况下,容易发生较大面积的坍塌或滑坡现象。

3. 黄土溶洞与陷穴

黄土溶洞与陷穴,是黄土地区经常见到的不良地质现象,隧道若修建在其上方,则有基础下沉的危害。隧道若修建在其下方,常有发生冒顶的危险。隧道若修建在其邻侧,则有可能承受偏压。

4. 水对黄土隧道施工的影响

在含地下水的黄土层中修建隧道,由于黄土在干燥时很坚固,承压力也较高,施工可顺利进行。当其受水浸湿后,呈不同程度的湿陷性,会突然发生下沉现象,使开挖后的围岩迅速丧失自稳能力,如果支护措施满足不了变化后的情况,极易造成坍塌。

施工中洞内排水不良,洞内道路会泥泞难行,不论是无轨还是有轨运输都会给道路的维护、机械的使用与保养、隧道的铺底或仰拱施工作业等方面带来很大的困难。

三、黄土地段隧道施工方法

黄土隧道的围岩松散、软弱,自稳能力差,不适合大断面开挖,在施工过程中总是将其分割成小的单元进行分部开挖。在开挖过程中多采取人工手持风镐和机械互相配合的形式来控制超欠挖和加快施工进度。

由于围岩松散,几乎不具备自稳能力,成拱困难,掌子面的稳定性也成为开挖过程中的一个课题,多采取喷射混凝土临时封闭掌子面或者利用预留核心土等措施来改善掌子面的稳定性,防止其垮塌。在这里喷射混凝土和预留核心土两种方法实际上都类似于一个"挡土墙"的作用,以防止掌子面的黄土坍塌。

目前,黄土隧道开挖一般采用三台阶七步流水法(图3-1、图3-2)。该方法广泛应用在黄土隧道施工中,能很好地满足黄土隧道的施工要求。开挖顺序如图3-2所示的数字。其中,第1步为上台阶环形土开挖,留核心土。2与3错开2~3m,4与5错开2~3m。第6步为依次开挖上、中、下核心土,第7步为隧底开挖。

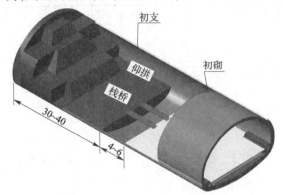

图3-1 三台阶七步流水法示意图(尺寸单位:m)

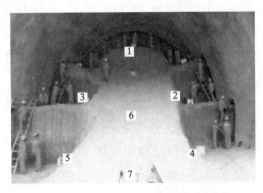

图3-2 三台阶七步流水法现场效果图
注:图中数字1~7表示施工顺序。

黄土隧道施工的原则:管超前;短进尺;强支护;严治水;早封闭;勤量测。下面将从以上六个方面展开黄土隧道施工技术。

1. 管超前

(1) 超前管棚。

管棚法被认为是隧道施工中解决冒顶最有效最合理的方法。黄土隧道进洞和出洞必须设置超前管棚。掘进过程中根据实际情况选择是否需要打超前管棚。超前管棚的设置主要需要把握管棚的布眼、外插角和环向间距。管棚的直径按设计选取。如需连续设置管棚,管棚的搭接长度不小于1.5m。如果管棚长度不够需连接加长,优先考虑螺纹连接,也可以采用套管焊接,但不允许焊后直接使用。

(2) 超前小导管。

超前小导管一般采用直径为38~50mm的无缝钢管制作。在小导管的前端做成约10cm长的圆锥状,在尾端焊接直径为6~8mm钢筋箍。距后端100cm内不开孔,剩余部分按20~30cm梅花形布设直径为6mm的溢浆孔。施作超前小导管应该注意的问题有注浆眼的布置、外插角、孔口止浆封堵、注浆压力控制等。小导管需配合钢拱架使用,按布置的注浆眼位置焊穿钢拱架中隔板钻眼,完成后将导管顶入岩层。打入后用塑胶泥封堵孔口导管与孔壁间隙,并在导管附近及工作面喷混凝土,以防止工作面坍塌。在注浆过程中随时观察注浆压力,防治堵塞、跑浆。

2. 短进尺

根据以往工程经验,为保证施工安全,隧道开挖进尺一次不宜过大,包括台阶、边墙、仰拱等。隧道各部位每循环进尺数见表3-6。

隧道各部位每循环进尺数　　　　　表3-6

上台阶	Ⅴ级围岩不大于1榀,Ⅳ级不大于2榀
边墙	不大于2榀
仰拱	不大于3m

另外,安全步距作为一个"红线"问题,必须单独指出。黄土隧道一般为Ⅳ、Ⅴ级围岩,安全步距必须满足表3-7中的要求。

安　全　步　距　　　　　表3-7

围岩等级	二衬到仰拱不大于(m)	二衬到掌子面不大于(m)
Ⅳ级	35	90
Ⅴ级	35	70

当隧道安全步距不满足要求时,必须停止掌子面掘进,加快施作仰拱和二衬的进度,待满足条件后方可继续施工。

3. 强支护

(1)初期支护。

初期支护包括超前管棚、超前小导管、初喷混凝土、钢筋网、钢拱架、系统锚杆、锁脚锚杆等。

①初喷混凝土。

初喷混凝土厚4~6cm,要求表面平整、圆顺,应严格控制外加剂掺量。拱部喷射混凝土必须回填密实,不得有空洞。待铺好钢筋网、架好钢拱架后复喷至设计厚度。

②铺设钢筋网。

钢筋网一般采用HPB325钢筋,直径为$\phi 6$或$\phi 8$,要求在洞外加工成20×20cm的网格状,每片加工面积不宜小于$1m^2$。钢筋网应随受喷面起伏铺设,搭接长度为1~2个网格。

③铺设钢拱架。

钢筋网布设完后,架设钢拱架,钢拱架一般采用工字钢或格栅钢架,如采用格栅钢架必须设"8"字结。钢拱架应与围岩紧密相贴,不能紧贴的用高强度等级混凝土预制块填塞顶实。钢拱架加工相关资源见二维码13。钢拱架架设要注意以下6个方面的问题:

a. 拱架高程。

b. 钢拱架横向尺寸。

c. 钢拱架垂直度。

d. 钢拱架的连接螺栓。

e. 钢拱架各单元连接处松散物及虚渣的处理。

f. 钢拱架间距。

13-钢拱架加工

④系统锚杆。

系统锚杆沿隧道径向布设,一般为梅花形布置。系统锚杆作业必须是喷射混凝土厚度达到10cm后进行,且一定要使用垫板,垫板焊接在钢拱架的腹部,以便加强钢拱架的稳定性,提高其刚度。

⑤锁脚锚杆。

锁脚锚杆对黄土隧道的施工非常关键,必须按设计长度、数量随钢拱架的作业及时跟进。锁脚锚杆要在端头加工成L形弯钩或者U形焊接在钢拱架上,下插角一般为30°,确保焊接质量,确实起到锁脚作用,防止钢拱架下沉过大。

(2)仰拱。

仰拱开挖前必须完成钢拱架锁脚锚杆的施作。隧底开挖采用全幅分段施工,每循环开挖不超过3m,上面铺设仰拱栈桥。开挖后及时清除虚渣、杂物、泥浆、积水,立即初喷3~5cm厚的混凝土封闭岩面,安装仰拱钢架,复喷混凝土至设计厚度,使初支及时封闭成环,应当引起重视的是,拱脚严禁被水浸泡。被浸泡的拱脚黄土会因湿陷性大幅沉降造成钢拱架等初支的悬空,无着力点,极易发生塌方。钢拱架及钢筋网安装相关资源见二维码14。

14-钢拱架及钢筋网安装

(3)二次衬砌。

二次衬砌应确保其密实度和外观质量,在模板台车上加设附着式振动器,并按设计要求在拱顶布设纵向注浆花管,紧贴初期支护混凝土面,孔位向上,在二衬混凝土外留注浆孔。应同时加强对衬砌台车的支撑。二衬混凝土应严格把握混凝土坍落度、搅拌时间、振捣时间。已施工后衬砌表面缺陷部位要立即整修,重点是施工接缝部位,修整时禁止大面积抹浆粉刷,做到混凝土表面光滑平整,颜色一致。确保二衬钢筋的直径和间距,同时控制好钢筋保护层的厚度。

4.严治水

大部分黄土具有湿陷性,因此,水成为黄土隧道施工的一个重要的不稳定因素。隧道施工前应做好地质检测,对隧道的含水情况有一个大致的了解,方便及时做好准备和调整施工方法。

(1)洞口防排水。

隧道进洞前应做好洞顶及洞口防排水系统。排水沟用钢筋混凝土铺砌,防治地表水及施工用水下渗。及时施作洞门是确保洞口段稳定的一个好方法。

(2)洞内防排水。

洞内情况远比外面复杂,除了传统的"防、排、堵、截"治水方法,如铺设止水带、防水板、排水盲管、中央排水沟,水量过大时设置集水井、降水井、机械抽水、预打小导管排水等之外,还有如下一些方法:

①预注浆。

②全封闭注浆。

③回填注浆。

④衬砌前围岩注浆。

⑤帷幕注浆。

可以看出,注浆这一工艺在目前黄土隧道内的防排水措施中占据了很重要的位置。因此,如何灵活运用这一方法,对于保证施工安全、施工进度等,有很大的促进作用。

5.早封闭

早封闭是指及时支护,施作仰拱,让隧道尽快封闭成环。成环后的隧道受力更均匀,拱脚处的集中应力大大减小,因此,拱脚的沉降也将大大减小。仰拱施作以后,二次衬砌也要及时跟上。

6. 勤量测

隧道监控量测应作为关键工序纳入现场施工组织。隧道的监控量测包括拱顶下沉、地表量测、水平收敛等。当采用接触量测时,测点挂钩应做成闭合三角形,保证牢固不变形,且量测点应布设在围岩上,而不是焊接在钢拱架上。当拱顶沉降速率达到 5mm/d 或位移累计达 100mm 时,应暂停掘进,并及时分析原因,采取处理措施。黄土隧道的变形以下沉为主,收敛为辅。应根据监控量测的数据进行分析,确定二衬施作时间,调整支护参数。

四、黄土隧道施工的注意事项

(1) 施工中如发现工作面有失稳现象,应及时用喷射混凝土封闭、加设锚杆、架立钢支撑等加强支护。试验表明,在黄土隧道中喷射混凝土和砂浆锚杆作为施工临时支护的效果良好。

(2) 施工时特别注意拱脚与墙脚处断面,如超挖过大,应用浆砌片石回填。如发现该处土体承载力不够,应立即采取相应措施进行加固。

(3) 黄土隧道施工,宜先施作仰拱,如果不能先施作仰拱,可在开挖与灌筑仰拱前,为防止边墙向内位移,应加设横撑。

(4) 施工中如发现不安全因素,应暂停开挖,加强临时支护,以便采取适应性的工序安排。

黄土隧道施工虽然较一般隧道复杂,但只要严格遵照以上六个原则,做好超前地质预报,把握好工序的衔接,保证材料的质量,做好现场协调,按设计施工,质量和安全就可以得到保障。

第四节 岩溶地段隧道施工

岩溶是地表水和地下水对溶性岩层经过化学作用和机械破坏作用形成的地下溶蚀现象,不同的岩溶发育成不同的溶洞、裂隙等。岩溶地段隧道不良地质要素有断层地段、软弱围岩、突泥涌水、冲沟、溶洞及采空区等几个方面。

当隧道穿过可溶性岩层时,有的围岩破碎,容易发生坍塌。有的溶洞位于隧道底部,充填物松软且深,使隧道基底难以处理。有时遇到填满饱含水分的充填物溶槽,当隧道掘进至其边缘时,含水充填物不断涌入坑道,难以遏止,甚至使地表开裂下沉,形成"天窗",隧道的初期支护压力剧增。有时遇到大的水囊或暗河,岩溶水或泥砂夹水大量涌入隧道。有的溶洞、暗河迂回交错、分支错综复杂、范围宽广,处理十分困难。正确处理岩溶地质对隧道的施工具有重要意义。

一、溶洞的形成及类型

1. 成因

可溶性岩层和水是溶洞形成的必备要素。水在与石灰岩地区可溶性岩层长期作用下而形成地下溶石。水沿着石灰岩层内的节理面或渗裂面流动并经过长期与之发生化学反应在表层形成溶沟,或者称"融槽",原先分布的岩层被溶沟分离,从而形成柱状的石柱或石笋。经过长期化学反应,在地下深处就会形成落水洞、地下溶洞等。在地貌表现上会出现暗河、漏斗和岩溶洼地等现象。

2. 类型

溶洞的分类有许多标准,主要有以下几种:

(1) 根据溶洞充填物的特征,可分为充填型、半充填型及无充填型。
(2) 根据溶蚀规模的特征可分为小溶洞、大溶洞和连通溶洞。
(3) 根据围岩涌水量分为特大涌水型、大量涌水型、中等涌水型、少量涌水型和微量涌水型。

二、溶洞对隧道施工的影响

在可溶性岩层隧道施工中,由于地质状况不稳定及人为因素的干扰,溶洞岩质破碎,容易引起崩塌,并且很可能会遇到一系列暗河、落水洞、漏斗及岩溶洼地等岩溶现象。溶洞现象处于不断变化的状态中。当溶洞位于隧道底部时,充填物松软使地基较难处理。

岩溶地质因为其地下河发育规模大、水量大,岩溶对隧道施工的影响主要表现为结构物部分及全部悬空,降低隧道使用的可靠度与利用率,在这里尤具危害性且难处理的是季节性的岩溶洞穴涌水,给隧道施工和体系带来不安全和不稳定因素,在隧道施工遇到溶洞地质时极易产生突水、突泥等地质灾害。同时,也正是因为岩层经常处于岩溶环境下,岩石结构遭到腐蚀,发生坍陷。

岩溶对隧道工程的影响主要是岩溶水、岩溶洞造成的涌水、突泥。主要表现在以下几方面:

(1) 改变隧道围岩工程地质条件和水文地质条件,使围岩渗透水压力增加。
(2) 改变岩力学性能,进而影响地层刚度和应力场。
(3) 产生围岩崩塌,造成施工处理困难。岩溶是危害极大的现象,其造成的塌陷更容易引起工程事故。

因此,在隧道规划之初,应通过各种手段包括物探实地勘查,查明路基下的溶洞、溶隙等不良地质现象的发育程度及分布情况。从而尽量避开溶洞的强烈发育地段。保证隧道施工正常进行。

三、溶洞地段施工原则

溶洞地段施工是一项复杂工作,涉及环境、进度、质量、成本等多目标要求。为了达到隧道工程中溶洞处理效果好、施工进度快、可持续程度高、工程成本低、安全性高的终极理想施工目的。在进行隧道溶洞处理时,不能以眼前的目的为解决问题的基点,应当从隧道建设的使用质量的长远意义来对待,并遵循一定的处理原则。一般应遵守以下原则:

1. 安全性

建设工程的特点导致施工中容易发生安全事故。建设工程规模大、周期长和劳动强度高,施工现场的安全设施是否齐全配套,采用的工艺技术是否合理以及照明、通风情况等都会给安全生产带来隐患。因此,遵守安全性原则是工程施工的最基本的要求,确保施工安全与运营安全是保证施工正常有序进行的最根本保证。只有安全性有了保障,工程进度、工期和成本等目标才有保障。安全生产管理是任何企业管理的头等大事。它关系到企业效益、企业职工的安全保障和身体健康,具有非常重要的意义。

2. 灵活性好

相关人员应根据石灰岩地质的不同断面形状和尺寸,因地制宜地选择施工方案,而不只是局限于某一种固定的模式,狭隘地进行施工设计和运行。一旦一种方案不能实施或实施效果差,要较好地转换为替代方案。同时,这种灵活性还要建立在隧道施工各部门的通力合作与沟通基础之上,只有这两方面结合起来,方可达到隧道施工过程中的灵活有效,并降低施工难度。

3. 施工合理性与科学性

工程施工必须符合相关隧道施工的法律法规的规定,严格按照法规的基本要求进行施工与建设。科学性则是对溶洞处理的设计方案要具有可行性,是可操作的,处理方案要建立在目前的溶洞处理技术的水平之内,充分考虑现场机械装备状况和操作人员的技能水平,尽可能降低施工难度。在组织管理上做到优化设计方案、合理组织施工、保证工程质量、缩短建设周期和降低工程造价。比如,在溶洞坍塌处理中,首先,保留并加固坍塌体,防止塌方扩大;然后,施作套拱和超前大管棚,保证正洞开挖施工安全;其次,管棚施作完成后挖除坍塌体,进入隧道正常开挖、支护工序,并对隧道基底进行注浆加固处理;最后,溶洞段通过后,进行拱部坍腔回填处理。

4. 具有可连续性

需兼顾溶洞段前后的施工方案的不同,能顺利地进行施工工艺、工序的转换。更重要的是,隧道建设是一项长远的工程,必须着眼于它的使用质量及周期,要从可持续的角度出发,充分考虑溶洞的潜在危险进行具体的施工处理。对资源应做到持续供应,保证隧道运行的最长周期。

5. 经济性强

在科学施工管理的基础上达到人、机械、材料的优化配置,使施工成本最小。在保证施工安全和工程质量以及可持续并不破坏环境的前提下减少溶洞处理的成本。

四、溶洞地段隧道施工处理技术

首先,坚持事前控制,这是成本最低的方法。在隧道路基工程规划之初,通过实地勘查、物探等手段查明路基下的溶洞、溶隙等不良地质现象的发育程度及分布情况。这样,在洞线选择时就要努力避开溶洞的强烈发育地段,有效保证隧道施工正常进行。

1. 溶洞处理顺序

根据我在图书馆所查资料可知,在一般情况下,溶洞处理顺序应为:封闭溶洞危险地带掌子面→对危险地带的岩层施作套拱→在危险岩层带施作超前大管棚→对坍塌严重地带采取根除措施挖除坍塌体→对轻度坍塌区实行洞身开挖、支护的保护措施→边墙及基底巩固处理→对坍塌溶腔进行回填处理。这是需要因地制宜的防护和巩固方法。

我简单地描述下,这个处理过程大概如下:基础下有溶沟、溶槽、漏斗等溶洞现象时,首先在建基础施工时,应挖去其中的充填物,回填碎石或毛石混凝土;若出现溶层顶板不稳定,可炸开顶板,挖除充填物,回填碎石;对基础下的溶洞埋藏较深的情况,可通过钻孔向溶洞内灌注水泥砂浆、混凝土、沥青等填充物,以堵填溶洞。采取这些措施的目的都在于:要保留并加固坍塌体,防止塌方扩大;施作套拱和超前大管棚,保证正洞开挖施工安全;管棚施作完成后挖除坍塌体,进入隧道正常开挖、支护工序,并对隧道基底进行注浆加固处理,增强隧底承载力;溶洞段通过后,进行拱部坍腔回填处理。

2. 施工技术

对溶洞的处理方法可以分为避、引、堵、越、绕。

(1)避。

在勘察设计阶段,避是最有效的措施,就是让线路避开岩溶严重地区,如果无法避免,也应该尽量以大角度通过岩溶发育地区,最好垂直穿过,力争减少溶洞的影响。

(2)引。

在有暗河或水流时,采用引导水流的方法。在明确水源流向及其与隧道的位置关系后,根据实际情况,或开凿泄水洞将水排出洞外;或用暗管、涵管或小桥等设施宜泄水流;或利用平行导坑,将水平行引出。

(3)堵。

对无水、跨径小的空溶洞,在明确其与隧道洞线的角度关系和充填情况后,用钢筋混凝土、浆砌石回填封闭。根据实际情况,可以采用多种方式进行回填处理。一般加固隧道底部,采用锚杆或钢筋网加固和注浆加固措施,并设混凝土护拱。

(4)越。

当溶洞加固比较困难和成本比较高时,可以越过溶洞难处理段,甚至可以直接越过洞室。

(5)绕。

采用绕的方法时,可以同时进行隧道前方施工和溶洞处理,以节省工期和加快施工速度。但采用此方法时,应该防止洞壁失稳。

3. 溶洞的治理准备

发现溶洞后,应该停止开挖掘进施工,并用喷射混凝土临时封闭掌子面。经过组织察看和认真研究后,为了防止溶洞口塌方及已开挖洞身的塌方,应尽早对溶洞口及溶洞附近已开挖的洞身进行加固处理形成方案。为此,首先要做的就是探明溶洞走向及来源、探明溶洞与线路的关系,并实时加强监控量测;同时要加强水文地质的观测和加强超前钻孔工作,以便及时获得准确的数据进行判断分析,形成科学处理方案。

第一,要根据不同的地质资料和溶洞的填充物进行每一根桩的相应设计,具体包括溶洞的处理方案、成孔的具体方法以及整个工程施工的施工措施;第二,要根据上文中已经设计出的溶洞处理方案进行相应的填充物准备,具体可以选择的候选填充物有黏土、稻草、石头和水泥等,填充物的选择要在冲击钻孔至溶洞顶板之前;第三,要根据地质柱状图和超前钻的资料进行冲孔速度的控制,为了避免在击穿岩壳时有卡钻现象发生,要采用小冲程重锤进行轻击冲进;第四,在接近溶洞时要严格监测钻机工作的情况,还要注意胡同内的水位变化情况。

4.溶洞处理的技术措施概述

对于狭窄的岩溶段,大型洞室可以利用跨越和支撑的方法,小的洞室可以采取护拱、封闭、回填等措施。对于有水流或涌水的地段,可以堵水和引水相结合或直接打引水洞,具体工艺包括预注浆堵水、后注浆堵水、依靠天然或人为泄水洞排水等措施。对于有充填物的岩溶地段,超前支护、超前注浆、基础换填、基础加固等是常用的方法。

(1)小型溶洞的处理。

对于小型溶洞来说,当洞内没有填充物或者是填充物呈现出松散与软塑等半充填状态时,应先清除溶洞表层的浮土和充填物。施工上要在冲孔时适当地向孔内投放块石或者黏土块,为了保证泥浆不流失,有时要向孔内投入整袋水泥。在进行冲进的时候要采用较慢的速度,将填充物以挤入的形式使其进入溶洞的孔壁或裂缝处,这样一方面可以加固护壁;另一方面可以防止泥浆外漏或者整个洞孔坍塌。这种溶洞处理方法操作较为便捷,并且经济成本较低,仅仅适用于一般小溶洞的处理。

对于有充填型的小洞室,若施工中充填物已发生脱落,应先将充填物清除,再喷射混凝土或水泥砂浆回填;如果洞内没有滑落物,在岩溶洞室位置处使用喷锚网防护。在隧道底部的岩溶洞室,在清除充填物之后,用混凝土回填加固。

当溶腔位于开挖轮廓以外时,需根据溶腔壁与隧道开挖轮廓线的距离及相对位置,综合采用超前预报技术对隧道周边进行勘测,并视情况进行局部注浆固结。需对溶腔壁进行局部加固,对靠溶腔一侧的隧道衬砌进行加强处理,同时还应满足正常排洪需求,在进行相应处理后再采取台阶法进行开挖。

(2)大型溶洞的处理。

大溶洞是隧道岩溶段施工中最常见也是较难处理的一类溶洞,具体可以分为洞内没有填充或者是半填充的较大溶洞、全部填充的较大溶洞以及深度较浅的大溶洞。此类岩溶洞室的处理原则上应因地制宜,利用梁、柱、墙等结构,进行引、堵、越、绕等处理。

对于洞内没有填充物或者是半填充的,为了防止泥浆下落造成钻孔坍塌,要首先打设钢护筒穿透砂层,最好达到岩层的表面。在钢护筒打设完成后才能够进行打孔,溶洞的顶板打穿之后再向孔内填充片石以及黏土至溶洞顶板,在泥浆灌注结束之后再继续冲孔,冲孔要直至泥浆不再下降才停止。当发现泥浆大量泄露的情况时可以将黏土导入孔内,并直接加入整包的水泥,最终达到填充溶洞的目的。填充的方法为使用重锤敲打,使得水泥和黏土充分混合,混合后进入岩溶的缝隙内。在整个孔内都形成浆后要等水泥土充分凝固之后再次穿击成孔。

当大溶洞全部被填充时,要根据填充物的性质进行打孔。当填充物已经呈现硬塑状态时可以直接冲孔;当填充物呈现松散或者是软塑状态时,可以投入片石或者黏土以保证泥浆面的高度。对于深度较浅的大溶洞,可以采用预制的钢筋混凝土护筒,采取边冲孔边振沉钢护筒的方法穿孔溶洞,这样能够防止混凝土流进溶洞带来的不良后果。

溶洞通过,围岩裂隙必然发育,且有裂隙水侵入。雨季时,水位升高,水压增大,同时围岩压力(含水压)平衡地作用在隧道衬砌上。当遇到大型含水的溶洞时,为确保施工安全,应以注浆加固堵水为处理原则。这种隧道衬砌及支护参数应按最强设计衬砌参数施作。根据涌水量、水压、隧道施工工艺,进行超前预注浆堵水开挖。当宜排水不宜堵水时,常用泄水洞、梁跨拱架、迂回导坑等方式，还要增加环向排水管的密度，以便加强此处环向排水的能力，减少水压力及衬砌渗水以保护地下水系和确保隧道洞室压力安全。

五、溶洞地段隧道施工要求

对溶洞应及时封闭，并对掌子面附近的衬砌尽早实施二次衬砌；在岩溶隧道施工中，必须加强地质超前预探、预报工作，对隧道前方岩溶进行准确预测，并提前做好穿越岩溶溶洞的应急预案，防止大面积塌方和涌水的发生。确保施工处理效果好，施工进度快，工程成本低，安全性高。

第五节　隧道塌方的处理

在隧道施工过程中，往往会因为地质情况不良而产生不同程度的塌方，我们要加强塌方前的测量和预报工作，避免发生塌方事故。但在塌方不可避免地发生后，如何处理塌方，如何恢复隧道正常施工，是隧道施工工程技术人员的难点和重点。因各个工程项目的特殊性以及地质情况的差异，正确处理塌方必须不同情况不同对待，总的原则是选择安全、方便、快捷、节省，保证人员和结构安全，保证施工方便，保证工期，保证费用最省的方案。

一、塌方的原因

目前国内在建和已建隧道工程中，均出现过不同程度的塌方现象，给建设和运营带来了较大的危害。在此，根据新奥法原理分析隧道塌方形成的可能原因。

新奥法的主要原理是在岩体力学特征、变形规律及莫尔理论的基础上，通过量测手段对开挖后的围岩进行动态监测，并根据围岩自稳的时间和空间效应确定爆破强度、开挖速度、初支参数以及辅助施工方法等。其力学机理是利用围岩的自稳能力，及时施作初期支护和二次衬砌并与围岩形成整体受力结构。从此原理分析隧道塌方的原因如下：

(1)洞身工程地质条件差，围岩自稳能力低，施工时没来得及进行初期支护即发生坍塌，如掌子面围岩软弱、岩体破碎、地下水发育、洞身埋深浅。或隧区通过不良地质地段，如断层褶皱带、膨胀岩地区以及高应力岩层等。这些复杂地质条件往往有不可预见性，给设计和施工的准确性和安全性带来较大困难。

(2)设计过程中未能准确判断隧道区地质条件，没有充分考虑不良地质对隧道的影响，特别是没有及时与现场实际的地质条件进行跟踪分析，导致围岩分级、支护参数设计及开挖进尺要求等不合理。

(3)施工过程中没有对诸如软弱围岩、浅埋地层等不良地质体进行注浆、超前支护预处理，保证不了围岩足够的自稳能力和自稳时间；开挖爆破效果差，导致围岩应力集中，出现滑塌现象；没有按照设计和规范要求进行施工，如初支背后有空洞、初支厚度不够、锚杆的长度和数量不足以及钢架的间距过大等，致使岩岩体间不能连成整体受力结构，保证不了支护强度与围岩滑移的力学平衡。

(4)新奥法施工是一个动态过程，对隧道进行实时监控是重要环节之一。目前很多隧道塌方造成人员伤亡、财产损失的原因就是监控不到位。不能在塌方隐患出现前掌握围岩变形规律,不能及时预报围岩变形情况,并进行必要的加强措施,最终导致塌方的出现。

二、处理一般程序

总体施工原则为强加固、短清渣、快支护、实回填、勤量测。对于小塌方可以直接进行塌体处理,对于塌方影响范围较大的分为初期处理、塌体处理和监控量测3部分。

1. 初期处理

(1)封闭塌体面,对塌方露出的新岩面挂网喷射混凝土,防止岩体风化和继续塌落。

(2)必要时对塌方体实施注浆固结或设置混凝土封堵墙,以待下一步能更好地施工掘进。

(3)设置临时钢支撑,稳定塌方空腔。

(4)处理塌方影响段内侵限的初支,如注浆加固、抽换变形钢架、加设锚杆等。

(5)若塌方通顶,要在塌体地表修筑截排水设施,阻止地表水对塌方体的影响。

2. 塌方体处理

(1)加强超前支护,增设大管棚或双排小导管,保证开挖的安全性。

(2)利用人工风镐,挖机配合,进行预留核心土台阶法开挖,控制好进尺长度,并及时施作初期支护。

(3)利用可靠回填料对塌腔进行回填,并尽快施作二次衬砌。

3. 监控量测

全程做好地表沉降、拱顶下沉、洞内周边收敛的监控量测工作,并用数据指导施工。

三、实例

案 例 一

1. 隧道概述

某新建铁路隧道,平均海拔为3 200~3 800m,最高海拔为3 292m。地形起伏不大,相对高差约50m,隧道最大埋深70m。起始里程为DK365+105~DK366+021,全长916m。全隧位于半径为10 000m的平曲线上,纵坡为20‰的单面下坡。隧道进口DK365+174~DK365+184段于2011年3月19日22:00左右发生塌方。

2. 塌方过程

2011年3月19日22:00许,DK365+180处拱顶开始掉渣,2min后出现塌方,现场无人员伤亡及机械破损,根据实际量测数据,塌方里程为DK365+174~DK365+184段落,长度约为10m,塌方面积为15m×15m,深度约为10m,塌方总方量约为1 500m³。

塌方现场形态为DK365+174~DK365+184拱顶至地表岩土体垂直下沉,拱顶形成天窗,形状为椭圆形,如图3-3所示。原施作的初支钢架在拱腰连接处被折断,边墙钢架受塌方影响变形。塌方松散物沿隧道走向前后坡积范围约20m,塌方体多为块石、碎石及粗角砾土,岩性以砂岩为主,含少量炭质泥岩夹层。塌方处周边岩层较松动,可能出现再次塌方。

塌方发生时,隧道掌子面开挖里程为DK365+250,仰拱里程为DK365+159,二次衬砌未施作。塌方段初期支护施作时间为2010年9~12月。

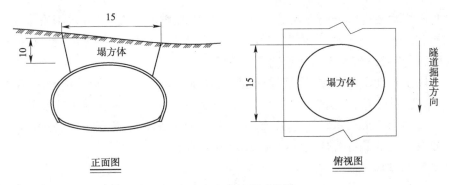

图 3-3 塌方空腔形态(尺寸单位:m)

3. 塌方段原设计情况

隧道通过区位于 F8 断层影响带,DK365+174~DK365+184 段地层为第四系全新统坡积粗角砾土(Q_4^{dl6}),洞身为石炭系上统泥质砂岩(C_3^{Ss}),强风化,岩体破碎多呈碎块及沙砾状,埋深 10~20m,隧道围岩分级为 V 级,按 Vc-2 型衬砌参数支护,超前支护为 ϕ42 超前小导管注浆,全断面 I22a 型钢钢架,间距为 0.5m,全环 30cm 厚 C30 喷射混凝土。采用三台阶七步开挖法施工。

4. 塌方可能原因分析

(1)地质因素。

①该段处于 F8 断层影响带,岩体呈碎裂结构和松散结构,节理裂隙发育,大多数为张开节理,围岩完整性和稳定性较差。

②隧道穿越的地层岩性主要为泥质砂岩,硬度低且为强风化状态,掌子面及塌方体均出现厚度不等的炭质泥岩夹层,隧区工程地质条件差,如图3-4所示。

③塌方段拱顶距地表 10~20m,属浅埋段,因高原季节性冻融现象,浅埋围岩受冻融水及反复冻胀的影响,降低自身稳定性。

图 3-4 塌方空腔处围岩照片

(2)设计因素。

该段为已施作初支后塌方,塌方原因可能是设计未充分考虑隧区特殊地质条件如断层影响带围岩破碎,对隧道支护参数的影响,致使支护强度不够、设计参数不合理。

(3)施工因素。

①该段处于隧道浅埋段且围岩破碎,施工时没有进行地表注浆加固。

②洞身围岩为硬度较低的泥质砂岩,强风化,含炭质泥岩夹层,软弱围岩掌子面开挖未采用控制爆破技术。一方面,光面爆破效果差,围岩应力集中;另一方面,爆破装药量过大,震动效应强,可能对已初支段的稳定性造成影响。

③塌方段工程地质条件差,属于浅埋段,塌方前地表和洞内变形监测频率不够,信息反馈不及时,未能在塌方隐患出现前进行加强支护处理,如围岩径向注浆加固以防止塌方。

④施工过程未严格按照设计施工,特别是初支背后是否存在空洞,锚杆的长度及根数、钢架的型号及间距等是否符合设计还需要进一步确认。

5. 塌方处理措施

塌方处理分3个阶段,先对塌方影响段围岩进行初步加固,然后处理塌方堆积体并重新施作该段初期支护,在完成塌方段二次衬砌后对塌方空腔进行回填。塌方处理全过程实施监控量测,实时提供围岩变形情况,以指导施工。

1) 塌方影响段处理

(1) 洞内径向注浆加固。对塌方影响段 DK365+169~DK365+174 实施径向注浆加固,防止塌方范围扩大。注浆管采用 $\phi22$ 打孔钢花管,长 4m,间距为 1.5m,梅花形布置,注浆液采用水泥—水玻璃双液浆。

(2) 洞内空腔锁口。在洞内空腔边缘加设两榀 I22a 工字钢锁口,并在拱脚处分别打设4根锁脚锚管。

(3) 塌腔边坡喷混凝土加固。塌方体空腔周边坡度较陡,为防止边坡掉块,首先对边坡按1:0.5进行刷坡处理,然后喷射15cm厚的C25混凝土封闭坡面。施工时在边坡角预留踏步和施工平台。

2) 塌方段处理

(1) 采用环形开挖预留核心土法逐步开挖塌方堆积体,主要采用人工风镐掘进,小型挖机配合。每开挖循环进尺控制在50cm,并及时换除损坏的钢架,架设新I22a工字钢,间距为50cm。钢架环向连接钢筋用 $\phi22$ 钢筋,间距50cm。铺设 $\phi8$ 钢筋网,网格间距为 20cm×20cm。在未塌方边墙初支面加设径向锚杆,规格按设计图处理。

(2) 掘进一段距离后,在钢架上部安装外模,模具采用木模,厚度不低于3cm,模板外侧利用钢筋固定稳固,模板之间缝隙要紧密,保证不漏浆。然后初喷25cm厚的C30混凝土。

(3) 当掘进到 DK365+184 时,为保证塌方前壁的稳定性,实施加强支护,即在拱顶140°范围增设双排 $\phi42$ 超前小导管并注浆,长度为4m,间距为40cm,环向搭接1m,上层外插角控制在35°,下层外插角控制在5°~10°。对原剥落的初支面进行复喷混凝土至设计厚度。

3) 塌腔回填处理

在该段围岩基本稳定后,及时施作仰拱、拱墙防排水设施和二次衬砌,待混凝土强度达到设计要求且未移动台车时,对塌腔进行回填处理。回填料用坍渣,对称分层回填夯实。在接近表层处应设置50cm厚的隔水黏土层,防止地表水下渗对岩土体及隧道结构造成破坏,表层土应用腐殖土覆盖。塌方空腔回填结束后,在塌方地表周边1m范围外修筑0.4m深、0.3m宽的截水沟,防止地表水流入塌方空腔中的回填土体。

4) 监控量测

在塌方处理全过程中对洞内、地表进行监控量测,及时反馈分析量测数据,指导施工。

(1)洞内周边收敛、拱顶下沉量测。

隧道内共布置两条水平测线、两条斜测线、一条拱顶下沉线。监控范围为 DK365+164~DK365+194,纵向 5m 一个断面,每天观测一次,如图 3-5 所示。

(2)地表沉降观测。

①塌方腔回填结束前。在 DK365+154~DK365+164 和 DK365+184~DK365+204 里程段纵向 10m、横向 5m 处布置测点,横向布置范围为隧道中线两侧 15m 的范围,每天观测一次。如图 3-6 所示为洞内收敛量测点布置示意图。

②塌方腔回填结束后。在 DK365+174~DK365+184 里程段按上述方案布点观测。

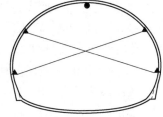

图 3-5 洞内收敛量测点布置示意

③监控要求。监控量测严格按照有关规范和设计进行,每天测量完毕及时进行数据分析,向施工技术员和现场负责人反馈监测结论。当洞内水平收敛值大于 5mm/d 或地表监测发现异常时应立即通知现场人员撤离,并及时向上级汇报。当塌方段处理结束,洞内收敛小于 0.2mm/d 时后方可停止监控。

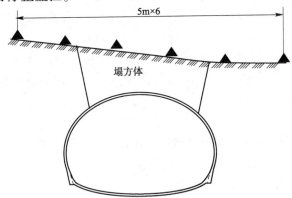

图 3-6 地表观测点布置示意

5)施工注意事项

(1)拱顶存在掉块可能,施工时必须佩戴安全帽。

(2)洞内主要利用机械作业操作,缩短作业时间。现场有专人指挥,一有险情立即组织撤离。

(3)塌腔必须分层夯实,并设置隔水黏土层。

(4)机械刷坡和回填土时,不得置于顺线路方向。

(5)及时跟进仰拱和二衬,保证该段围岩稳定安全。

(6)实施的掌子面开挖严格采用控制爆破。

案 例 二

1.工程概况

和力黑坝 2 号隧道位于内蒙古赤峰市巴林左旗白音诺尔镇及锡林郭勒盟西乌珠穆沁旗巴彦花镇境内,隧道进口里程 D2K103+205,出口里程 D2K110+085,单线隧道全长 6 880m。隧道进口位于半径为 2 500m 的右偏曲线上,隧道出口位于半径为 3 000m 的左偏曲线上。

为解决施工通风、排水、运输和减少施工干扰,以及增加作业面,加快施工进度,超前探明地质,在隧道出口段左侧 D2K108+000 左侧设置 740m 长的斜井。

线路通过局部地段为坡麓地段,上方的岩体因构造、风化形成的节理裂隙发育较好,其中斜井地质条件差,岩体较为破碎,已有小范围的崩塌、剥落或落石现象发生,在坡积物较厚的地段,路堑、隧道的开挖可能加剧崩塌、剥落或落石现象。

2. 塌方情况及原因分析

(1)塌方情况。

2010 年 3 月 7 日,在斜井 XD2K0+640~XD2K0+635.5 段拱部开挖出渣后准备支护拱架时拱顶发生滑塌,其中 XD2K0+640~XD2K0+636.7 段为已支护段,已支护段未被破坏,滑塌岩体主要为坡积碎石土,粒径范围为 5~40cm,大小不等。

(2)塌方原因分析。

①从滑塌情况以及塌方后暴露岩体面分析,拱顶为板岩夹杂碎石土夹层,开挖后在岩体自稳过程中产生的下滑力超过拱顶开挖受力面的承受力,发生滑塌。

②施工时对地质复杂程度认识不足,对隧道结构的不利影响认识不足、不清晰,重视程度不够,同时参加施工的人员经验不足,没有对不良地质灾害很好地进行预测。

3. 塌方处理方法

滑塌发生后,现场及时对滑落碎石进行除渣清理工作,并对滑塌段进行超前小导管支护加固,稳定围岩。针对现场情况,滑塌分两步处理:第一,对坍顶处受坍顶影响地段进行加固;第二,对坍顶体进行回填处理。

4. 塌方处理方案

通过现场地质勘察得知塌方体围岩结构大部分松散,属于Ⅱ类(即Ⅴ级)围岩,塌方体厚度为 1m,在处理、加固好未塌方段后,在做好隧道地表排导水和保证安全的前提条件下,按照下列方案和工艺过程进行塌方体处理。

(1)清除个别危石后,自 XD2K0+636.7 增设 1 环 ϕ42 超前小导管加强支护,小导管环向间距为 0.4m,每环 18 根,每根长 4m;

(2)在滑塌段支护稳定后,滑塌顶部喷射 20cm 厚的 C20 混凝土防护层;

(3)于初期支护背后回填 1m 厚的 C20 混凝土;

(4)在滑塌段拱部预埋两根注浆管,待混凝土强度达到设计强度的 100% 后,进行注浆回填,浆液采用 1:1 水泥砂浆,保证拱顶回填密实,无空洞。

5. 塌方处理的施工要求

在隧道出现塌方的情况下,塌方处理分两步进行:第一步,对受塌方影响的初期衬砌裂缝地段进行加固,及时施作二次衬砌;第二步,对塌方体进行抢险处理。在现场把握情况的基础上认真研究处理塌方对策,认真制订处理塌方的步骤、方法及预防塌方的施工措施。

(1)在施工中一定要在地质资料详实的基础上科学分析并加上超前预报,才有可能避免事故发生。

(2)前方封堵,后方加固,对塌方区形成合围是防止塌方恶化的有效方法。隧道塌方后,不要轻易清除塌方渣体。首先,待塌方体相对稳定后,对塌方体表面进行喷混凝土封闭,防止塌方体滑移；其次，再加固未塌方地段，防止塌方范围扩大；最后，向塌方体注浆加固为后序开挖做好准备。

（3）建立抢险机构，现场下达抢险口头指令，明确任务和要求。这样施工队既能正确理解领导意图，又能明了关键部位所在和处治措施，使施工安全得以保证。

（4）软弱围岩自身稳定性差，塌方出现时，以稳定性为主，坍塌渣体同样对周围岩壁有稳定支撑作用，切忌随意开挖。

（5）最后要强调的是，隧道施工要求安全与质量并重、工期与进度从属，无论是建设单位、施工单位还是监理单位都应遵从这一点。

第六节　不良地质段地铁隧道施工

随着城市化进程的加快，我国城市轨道交通建设的步伐越来越快，一、二线城市大规模地下轨道交通建设如火如荼。城市地下隧道的建设在施工技术方面相较于公路隧道的最大区别在于，减小对地表其他构造物的影响，尽可能降低对城市交通、环保的影响。特别是遇到城市不良地质情况下，如何兼顾施工安全和地表建筑物安全是摆在地下轨道系统建设面前的难题。

大量不良地质体的存在是城市轨道交通施工安全的重要风险源，施工中已揭露的不良地质体包括空洞、水囊、暗河、建筑垃圾及其他不明构筑物，其中以空洞、水囊更为普遍和典型，其成因也较为复杂。

接下来重点讨论地下水、软土、溶洞对城市轨道交通建设的影响。

一、水

1. 城市轨道交通深基坑施工中降水的必要性

在城市轨道交通施工建设中，若在地下水位较高的地方开隧道，因为含水层被切断，再加上压差的影响，就会导致地下水渗入隧道。此时，如果不做降水、排水处理，就会致使隧道积水，使施工环境变差，严重时会导致地基承载力降低，致使流沙、边坡失稳、管涌等现象的出现，威胁城市轨道交通深基坑施工的安全。鉴于此，必须要做好城市轨道交通深基坑施工中的降水工作。降水工作必须达到以下几点要求：

（1）降低深基坑内的土体含水率，提高土体的强度，防止深基坑以外的地表发生沉降过大的现象。

（2）将深基坑开挖范围内的地下水疏导干净，为机械施工以及施工人员的坑内作业提供良好的环境。

（3）最大限度地提高基坑边坡的稳定性，防止边坡上的土层发生滑坡。

（4）做好承压水降压工作，遏制地面的不均匀沉降，防止围护墙发生过大的水平位移，防止地面沉降过大，威胁附近建筑物的安全。

2. 城市轨道交通深基坑施工中的降水方法

在城市轨道交通深基坑施工中常用的降水方法有轻型井点降水法、电渗井点降水法、集水明排法、多级轻型井点降水法、管井降水法以及真空井点降水法。具体采用何种降水方法,必须根据城市轨道交通深基坑施工中的降水深度、地层条件及渗透系数的全面分析而定。此处要着重说明管井降水法,这种方法主要用于降水深度大于 10m 且渗透系数在 6~10 之间的粉质黏土、砂土、卵石、砂质黏土、砂砾等地层中。地铁深基坑施工中的降水工作主要分为坑外降水、坑内降水、坑内外结合降水。在设置深基坑的围护时,如未设置止水帷幕,且群井设在深基坑内或是深基坑外没有太大的差别,此时为了方便施工要采用坑外降水法;当深基坑围护结构中的止水帷幕设置深度达到含水层的以上或是深入含水层的底板以下,亦或是占据了含水层厚度的 30%~80%,就必须采取坑内降水措施。

二、软土

软土地基城市轨道交通施工作为地铁施工的难点和重点,由于自身土壤性质的特殊性及其他外界因素的影响,增加了城市轨道交通车站深基坑施工的技术难度,因此,在软土地基城市轨道交通施工过程中需采用先进的施工技术和设计方案,并加大施工质量的控制管理力度,以提高软土地基城市轨道交通车站的工程质量,进而为城市轨道交通的安全稳定运行提供技术保障。

软土地带在我国分布较广,软土区的主要特点是土层中含大量淤泥质黏土或是黏土的含水率较高,该特点直接决定了软土区土壤强度较低的现象,导致土层极易出现变形、塌落等情况。可见,在软土地区施工的难度较大。城市轨道交通车站深基坑施工存在较高的风险,由于城市轨道交通车站施工是在地下进行的,其施工用电、设备运行等均存在一定的风险,且在软土地基施工中这种风险体现得更加突出。因此,为了避免在地铁车站施工中出现土壤变形、地上部分沉降等现象,需采用先进的施工技术来保证施工质量和使用安全,降低安全事故的发生率。

施工关键技术主要包括以下几点。

1. 支护结构施工

钻孔灌注桩强度和垂直度、三轴水泥土搅拌桩与桩体咬合止水效果,是基坑邻近城市轨道交通区间隧道,防止粉砂土层出现漏水和漏沙、沉降过大的关键因素。在靠近地铁区间钻孔桩外侧采用双排三轴搅拌桩止水,坑内土体掺加 20% 的水泥搅拌加固来控制桩下部被动土体变形,在成桩部位掺加 8% 的水泥搅拌来防止钻桩塌孔,局部增加高压旋喷桩防止基坑开挖过程中开裂、涌水、涌沙引起的安全风险等。

2. 支撑体系施工

对钢筋混凝土桁架支撑体系,关键是混凝土的强度、刚度和施工质量会造成杆件被压屈服,围檩压坏、扭曲、断裂风险,同时立柱及其支撑连接处失稳等风险。在支撑体系的拆除过程中应注意采取换撑措施,如设挡木、临时支撑等,若支撑拆除后土压力没有换撑分解,会导致支护桩发生较大变形,甚至失稳破坏。

3. 降承压水

软土深基坑处在饱和粉砂土层中,一旦围护结构及止水帷幕失效,就必须进行降水施工或降承压水施工,将造成相邻城市轨道交通区间盾构隧道沉降变形开裂渗水,引起附近建筑物开裂、倾斜,相邻道路塌陷、管线爆裂、坑壁坍塌等事故,降水方案需在围护结构试降水成功后进行。

4. 土石方施工

（1）支撑体系安装过程应遵循先撑后挖原则，以防止支护结构产生过大变形，导致局部塌方或整体失稳。

（2）软土饱和粉砂地层中，基坑开挖时纵向坡失稳发生较多，且极易造成人身伤害，基坑没有分区、分层开挖，开挖高差太大，土的抗剪强度降低，产生较大的水平位移，易造成基坑滑坡。

（3）深基坑施工中必须考虑时空效应。要做到在软土基坑开挖中，适当减小每步开挖土方的空间尺寸，并减少每步开挖后无支撑的基坑挡墙暴露时间。由于基坑开挖后，地基卸载，土体自重应力减小，土体的弹性效应将使坑底产生一定的回弹变形（隆起）。一旦坑底暴露时间过长，加之基坑积水，使得坑底土体吸水膨胀，回弹变形进一步增大，就可能引起支撑体系失稳，导致事故发生。

同时考虑城市轨道交通车站施工对周围建筑物造成的不利影响，应防止建筑物出现位移现象，提高软土地基城市轨道交通车站施工的科学性，以保障软土地基城市轨道交通车站的施工质量和使用安全。

三、溶洞

岩溶地质对地铁车站施工以及建成后运营的维护都有较大影响。根据地质情况划分高、低风险区，高风险区范围岩溶、土洞必须进行填充处理。

1. 溶洞处理原则

（1）位于车站底板以下 10m 线以内（即高风险区）的已揭示的溶洞，自地面进行充填（填砂、注浆）加固，并施作水泥土墩柱（根据实际情况确定是搅拌桩或旋喷桩）。

（2）凡是车站范围内、地质勘查已揭示的土洞，全部自地面进行充填（填砂、注浆）加固处理。

（3）溶土洞处理效果要通过控制施工参数和抽芯或标贯试验确定。

（4）施工期间发现的溶洞、土洞按照以上第（1）（2）条原则办理。

2. 溶洞处理的目的

（1）满足永久车站结构的承载力，变形溶洞和土洞填充物性质软弱，随着时间的推移，并受周边环境的变化以及地下水活动的影响，很可能出现洞体坍塌现象。通过对洞体充填物的加固处理，提高其自身强度，从而提高洞体的稳定性，降低洞体坍塌而引起的地层塌陷，进而减小变形缝处的差异沉降。同时施作的水泥土墩柱起相应的支撑作用，即便有新溶土洞的发育，也能满足车站结构短期承载的要求，为后续应急处理等工作提供保障。

（2）降低施工期间突发事件发生的几率，岩溶水属承压水系，随着车站施工期间基坑的开挖，水头上方土重的不断减小，岩溶承压水可能造成基坑突水事件的发生。通过对浅层溶洞的充填加固处理，降低出现基坑突水事件的几率。

3. 溶、土洞处理的施工步骤

溶、土洞处理的施工顺序为：溶土洞处理与否判定→溶土洞处理注浆填充→水泥土墩柱施作→溶土洞处理效果检查。注浆施工时，应先施作止水、止浆帷幕，将处理范围内的溶洞与外界洞体隔离，再处理中间区域。在周边孔第 1 次注浆时，注浆量已较多，压力达不到设计要求时,周边孔与中央孔可交替注浆。发现浆液流失严重时添加水玻璃速凝剂,以确保注浆效果。中央区域注浆孔应跳跃施工,以防止跑浆、窜浆现象。

4. 溶土洞处理的注意事项

在详勘、补勘阶段揭示的土洞及在高风险区内的溶洞必须处理。溶土洞处理注浆充填加固及水泥土墩柱均在车站基坑开挖前施作。溶土洞处理前必须对处理区域范围内的管线进行探明,并做拆除、迁改、悬吊等处理。避免溶、土洞处理中施工受阻或破坏正在使用的管线。在溶土洞处理注浆加固过程中,由于地质条件复杂,可能会引起周边地面隆起、建构筑物不均匀沉降开裂等,需加强监测,做到信息化施工,杜绝事故的发生。

思 考 题

1. 隧道的不良地质和特殊地质地段类型有哪些?
2. 膨胀土的工程性质是什么?膨胀性围岩对隧道施工有哪些主要影响?
3. 简述膨胀土围岩隧道的施工要点。
4. 黄土的工程性质是什么?黄土地层对隧道施工有哪些主要影响?
5. 简述黄土隧道施工的注意事项及原则。
6. 溶洞有哪些类型?溶洞对隧道施工有哪些主要影响?
7. 对于大型溶洞有哪些常见处理方法?
8. 简述隧道塌方的原因及塌方处理的原则。
9. 简述塌方处理的施工要求。

第四章 隧道开挖与出渣技术

隧道的开挖方法综合考虑施工条件、围岩条件、隧道断面积、埋深、工期及环境条件等因素,大体可分为三大类:山岭隧道开挖方法、浅埋及软土隧道开挖方法及水底隧道开挖方法。其中,山岭隧道开挖方法有矿山法、新奥法、掘进机法等,浅埋及软土隧道开挖方法有明挖法、地下连续墙法、盖挖法、浅埋暗挖法、盾构法等,水底隧道开挖方法有沉管法等。

第一节 掘进方式

隧道的掘进是指对坑道范围内岩体破碎挖除的方式,关系到坑道稳定和掘进速度。选择隧道的掘进方式时应考虑以下几方面因素。

(1)被挖除岩体的坚硬程度。
(2)对围岩扰动的程度。
(3)围岩的稳定性。
(4)机械设备能力。
(5)施工成本。

隧道的掘进方式通常有3种:钻爆掘进、挖进机掘进及人工掘进。

一、钻爆掘进

钻爆法,即通过钻孔、装药、爆破开挖岩石的方法,简称"钻爆法"(相关资源见二维码15)。这一方法从早期由人工手把钎、锤击凿孔,用火雷管逐个引爆单个药包,发展到用凿岩台车或多臂钻车钻孔,应用毫秒爆破、预裂爆破及光面爆破等爆破技术。施工前,要根据地质条件、断面大小、支护方式、工期要求以及施工设备、技术等条件,选定掘进方式。

15-钻爆法施工

目前,钻爆法由于对地质条件适应性强、开挖成本低,特别适合于坚硬岩石隧道、破碎岩石隧道及大量短隧道的施工。钻爆法仍是隧道掘进的主要手段,约占70%。

钻爆法的掘进方式主要分为3类,即全断面掘进、导洞掘进及分部开挖掘进。

1. 全断面掘进法

全断面掘进法即为整个开挖断面一次钻孔爆破,开挖成型,全面推进。在隧洞高度较大时,也可分为上下两部分,形成台阶,同步爆破,并行掘进。在地质条件和施工条件许可时,优先采用全断面掘进法(相关资源见二维码16)。

(1)全断面掘进法的施工顺序。

16-全断面开挖法、台阶开挖法

全断面掘进法施工操作比较简单,主要工序:使用移动式钻孔台车,首先全断面一次钻孔,并进行装药连线,然后将钻孔台车后退到 50m 以外的安全地点,再起爆,一次爆破成型,出渣后钻孔台车再推移至开挖面就位,开始下一个钻爆作业循环。同时,施作初期支护,铺设防水隔离层(或不铺设),进行二次筑模衬砌。该流程突出两点:增加机械手进行复喷作业,先初喷后复喷,以利于稳定地层和加快施工进度;铺底混凝土必须提前施作,且不滞后 200m。当地层较差时铺底应紧跟,这是确保施工安全和质量的重要做法。

(2)全断面掘进法的适用范围。

全断面掘进法主要适用于Ⅰ～Ⅲ级围岩。当断面在 50m² 以下,隧道又处于Ⅲ类围岩地层时,为了减少对地层的扰动次数,在采取局部注浆等辅助施工措施加固地层后,也可采用全断面法施工。但在第四纪地层中采用此施工方法时,断面一般均在 20m² 以下,且施工中仍须特别注意,山岭隧道及小断面城市地下电力、热力、电信等管道工程施工多用此法。

2. 导洞掘进法

导洞掘进法是先开挖断面的一部分作为导洞,再逐次扩大开挖隧洞的整个断面。这是在隧洞断面较大,由于地质条件或施工条件,采用全断面开挖有困难时,以中小型机械为主的一种施工方法。导洞断面不宜过大,以能适应装渣机械装渣、出渣车辆运输、风水管路安装和施工安全为度。导洞可增加开挖爆破时的自由面,有利于探明隧洞的地质和水文地质情况,并为洞内通风和排水创造条件。根据地质条件、地下水情况、隧洞长度和施工条件,确定采用下导洞、上导洞或中心导洞等。导洞开挖后,扩挖可以在导洞全长挖完之后进行,也可以和导洞开挖平行作业。

3. 分部开挖掘进法

分部开挖掘进法是在围岩稳定性较差,一般需要支护的情况下,开挖大断面的隧洞时,可先开挖一部分断面,及时做好支护,再逐次扩大开挖面积。用钻爆法开挖隧洞,通常从第一序钻孔开始,经过装药、爆破、通风散烟、出渣等工序,到开始第二序钻孔,作为一个隧洞开挖作业循环。尽量设法压缩作业循环时间,以加快掘进速度。

二、掘进机掘进

掘进机掘进主要分为两类,一种为 TBM 法(图 4-1),另一种为盾构机法(图 4-2)。这两种掘进方式均为大型机械掘进,其区别在于:①适用的工程不同,TBM 用于硬岩,盾构机用于土层的挖掘;②两者的掘进、平衡、支护系统都不一样;③TBM 比盾构技术更先进,更复杂;④工作的环境也不同,TBM 是硬岩掘进机,一般用在山岭隧道或大型引水工程中,盾构是软土类掘进机,主要用于城市轨道交通及小型管道。

图 4-1 TBM 掘进机

图 4-2 盾构掘进机

第二节 施 工 机 具

一、凿岩台车

凿岩台车是支撑凿岩机并能完成凿岩作业所需的推进、移位等运动的移动式凿岩机械。为了提高隧道开挖效率,将数把凿岩机支架安装在同一台车上,可以同时操作多个钻眼工序。

凿岩台车(图4-3)一般用于地质条件较好,基本不要临时支护的大断面(开挖面积在 $17m^2$ 以上)的隧道施工,也可作为其他工序的工作台,如凿顶、支撑、装药和设备材料的临时存放等。

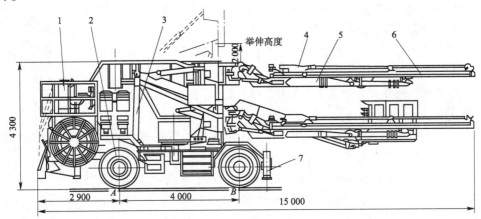

图4-3 凿岩台车(尺寸单位:mm)
1-动力系统;2-底盘;3-台车架;4-凿岩机;5-钻臂;6-推进器;7-稳车机构

凿岩台车的开挖施工工序为:台车就位→多台凿岩机同时钻眼→利用台车架进行装药→台车退出掌子面→爆破→排烟凿顶→支护(视地质情况而定)→装渣机就位→装渣运输,同时也可进行上部钻眼,如此循环进行作业。

相关资源见二维码17。

由于在坚固的钻臂上安装凿岩机和支架,因此可装备中型、重型大功率的凿岩机,并且冲击频率可以提高,凿岩机推进力得以保证。所以,采用凿岩台车的凿岩效率高、钻进速度快,能适应各类岩层,在同等开挖断面下,可减少凿岩机台数。一般来讲,采用凿岩台车建筑隧道日进尺在10m左右,月进尺可达300m。

17-液压凿岩机钻眼

按所能开挖隧道断面的不同分类,凿岩台车可分为全断面台车、半断面台车及导坑台车;按车架形式可分为门架式和框架式;按行走装置可分为轨行式、轮胎式及履带式;按钻臂可分为液压钻臂式和梯架式。

二、喷锚机械

1. 锚杆台车

锚杆台车是在隧道施工中用于围岩支护的专用设备,如图4-4所示。在需要锚杆支护的地方用锚杆台车进行钻孔、注浆、插入锚杆,全套工序均由锚杆台车完成。

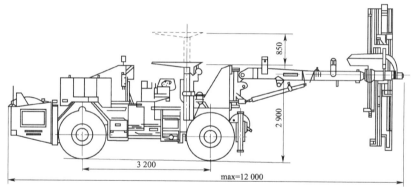

图 4-4 锚杆台车示意图(尺寸单位:mm)

锚杆机头由凿岩机及其推进器、锚杆推进器、注浆或喷射导架、转动定位器、三状态定位油缸、锚杆夹持器等部件组成,可完成从钻孔、注浆到锚杆安装全过程的工作。更换少数部件即可安装涨壳式锚杆。锚杆台车由台车底盘、大臂、锚杆机头等组成。

风动凿岩机钻眼相关资源见二维码18。锚杆的作用相关资源见二维码19。

18-风动凿岩机钻眼

2. 混凝土喷射机

混凝土喷射机有干喷和湿喷两种方式。干喷是先用搅拌机将骨料和水泥干拌均匀,投入喷射机料斗,同时加入速凝剂,用压缩空气将混合料输送到喷头,在喷头处加水喷向岩面。湿喷是将水加在搅拌机里,投入喷射机的是已拌好的成品混凝土,速凝剂在喷头处加入。喷射机是喷混凝土的关键设备,分干式喷射机和湿式喷射机两种。

19-锚杆的作用

干式喷射机主要有转子式、螺旋式、鼓轮式等。湿式喷射机主要有双罐式、螺旋式、挤压软管泵式、活塞泵式、离心式湿喷机等。转子式喷射机如图4-5所示,其工作原理如图4-6所示。

喷射混凝土支护相关资源见二维码20。

20-喷射混凝土支护

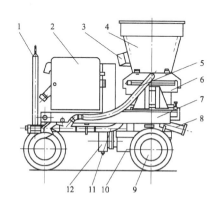

图 4-5 转子式喷射机
1-牵引杆;2-动力装置;3-振动器;4-料斗;5、11-风管;6-给输料机构;7-车架;8-出料弯头;9-轮胎;10-减速器;12-皮带传动

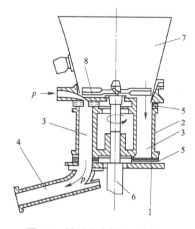

图 4-6 转子式喷射机工作原理
1-齿轮箱盖板;2-转子;3-料孔;4-出料弯头;5-橡胶密封板;6-驱动轴;7-料斗;8-搅拌叶片

三、衬砌模板台车

隧道衬砌模板台车由一部台车和数套钢模板组成。模板以型钢为骨架,上铺钢板形成外壳,并设有收拢机构,通过安装在台车上的电动液压装置,进行立模与拆模作业。模板与台车各自为独立系统,每段衬砌灌注混凝土完毕后,台车可与模板脱离,衬砌混凝土由模板结构支撑。台车将后面另一段已灌混凝土可以拆模的模板收拢后,由电瓶车牵引,穿过安装好的模板后,到达前方预灌注段进行立模作业。这样钢模台车适用于曲线半径≥400m,衬砌厚度≤45cm,使用先墙后拱法进行衬砌施工的单线隧道。该台车衬砌作业快速、高效、优质、安全,并节省人力、钢材、木料,减轻劳动强度。衬砌模板台车(图4-7)由钢模板、台车和液压系统3大部分组成。

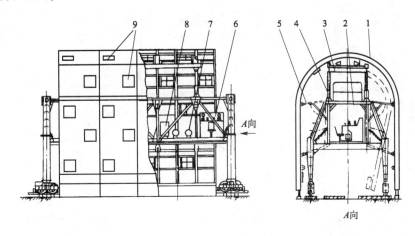

图4-7 衬砌模板台车示意图
1-模板;2-台车;3-托架;4-垂直油缸;5-侧向油缸;6-液压操纵台;7-电动机;8-油箱;9-作业窗

全液压衬砌模板台车如图4-8所示。该车由基础车、臂架、拱架、模板、控制系统、混凝土浇注系统等组成。台车转移运输时,将模板拱架收拢,以便运行。施工实例已表明,该台车大大改善了一次衬砌的作业环境,减少了支护,缩短了作业周期。

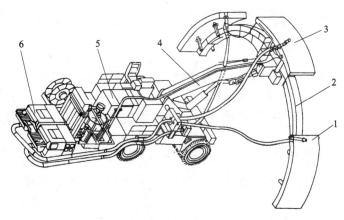

图4-8 全液压衬砌模板台车组成示意图
1-侧模板;2-拱架;3-顶模板;4-臂架;5-基础车;6-混凝土泵车

四、全断面隧道掘进机

全断面隧道掘进机是一种在岩层中挖掘隧道的机械。其特点是用机械法破碎切削岩石（刀头直径与开挖隧道的直径大小一致，故称全断面开挖），挖掘与出渣同时进行。掘进机的直径一般为 2~11m，最大可达 15m。可挖掘的岩石硬度为岩石单轴抗压强度 20~200MPa，最大达 300MPa。

全断面隧道掘进机适用于公路工程、铁路工程、水电工程、排污工程、军事工程及其他地下工程中开挖岩石隧道。因此，在公路山岭隧道和海底隧道工程中被广泛采用。LJ-30 型岩石掘进机如图 4-9 所示。

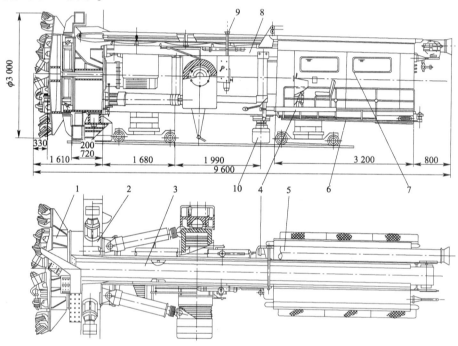

图 4-9 LJ-30 型岩石掘进机（尺寸单位：mm）

1-切削头工作机构；2-前支承靴；3-排渣皮带机；4-液压泵；5-吸尘风管；6-机架及驾驶室；7-配电室；8-机架大梁；9-电钻；10-后支撑座

1. 按破碎岩石方式分类

（1）切削式掘进机：刀盘上安装割刀，像金属切削刀具一样将工作物切割下来，适用于软岩、土质等抗压强度小于 42MPa 的地质。

（2）铣削式掘进机：切削过程靠滚刀的旋转和推进及铣刀的自转完成，像铣削金属的铣床一样，适用于软岩地质。

（3）挤压剪切式掘进机：用圆盘形滚刀使岩石受挤压和剪切而破碎（以剪切为主）。刀具有硬质合金的刀圈或中碳合金钢堆焊碳化钨、钴等，适用于中硬岩石，如抗压强度为 42~175MPa 的岩石。

（4）滚压式掘进机：以挤碎岩石来切削，刀具为圆盘式、牙轮式和锥形带小球状刀具。用于硬岩，即抗压强度大于 175MPa 的岩石。

2.按切削头回转方式分类

(1)单轴回转式掘进机:切削头的回转轴只有一根。由于在大直径的切削头上,不同半径上的刀具线速度不同,实际上不是真正的同轴回转,因此,它只用于小直径的掘进机。

(2)多轴回转式掘进机:切削盘上有几个小切削轮,小切削轮各自有回转轴可独自旋转。

3.按掘进方式分类

按掘进方式不同分类,全断面隧道掘进机可分为推进式和牵引式两种。推进式又分为抓爪式和支撑反力式。

4.按排渣方式分类

按排渣方式的不同分类,可分为铲斗式、旋转刮板式和泥浆输送式掘进机等。常用的是前两种。

5.按外形特征分类

(1)敞开式掘进机:结构简单,靠撑踏装置支持机身,适用于岩层比较稳定的隧道。

(2)护盾式掘进机:有单护盾和双护盾之分。单护盾掘进机前部用护盾掩护,双护盾机机体被前后两节护盾掩护着,适用于易破碎的硬岩或软岩及地质条件较复杂的岩层。

五、臂式隧道掘进机

臂式隧道掘进机(图4-10)也可称为悬臂掘进机,是一种有效的开挖机械。它集开挖、装卸功能于一体,广泛应用于采矿、公路隧道、铁路隧道、矿用巷道、水利涵洞及其他地下工程的开挖。

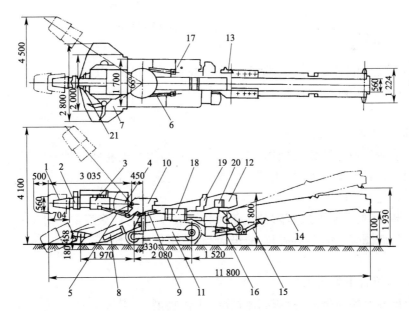

图4-10 臂式隧道掘进机示意图(尺寸单位:mm)

1-切割头;2-伸缩臂;3-切割减速器;4-切割电动机;5-切割装置升降油缸;6-切割装置摆动油缸;7-装载铲;8-集料减速器;9-装载装置升降油缸;10-主车体;11-行走装置;12-一级输送机;13-一级输送机减速器;14-二级输送机;15-二级输送机升降油缸;16-二级输送机回转油缸;17-液压油箱;18-液压泵;19-控制开关柜;20-驾驶座位;21-水喷头

使用经验表明,这种掘进机对开挖泥质岩、凝灰岩和砂岩等岩层有极好的性能。与钻爆法相比,机械开挖的最大优势是:不扰动围岩,隧道的掌子面非常平坦,几乎没有钻爆法产生的凹凸不平和龟裂现象,容易达到新奥法的要求;断面超挖量少,经济性好;还有一个优势是施工时减少了噪声和振动,符合环境保护的要求。与全断面开挖的隧道掘进机相比,臂式掘进机体积小、质量轻、易于搬运。臂式掘进机通常由切割装置、装载装置、输送机构、行走机构、液压系统和电气系统等几部分组成。

六、盾构机

盾构是一种集开挖、支护、衬砌等多种作业于一体的大型隧道施工机械,是用钢板做圆筒形的结构物,在开挖隧道时,作为临时支护,并在筒形结构内安装开挖、运渣、拼装隧道衬砌的机械手及动力站等装置,以便安全地作业。它主要用于软弱、复杂等地层的铁路隧道、公路隧道、城市地下铁道和上下水道等隧道的施工。

使用盾构机械来建筑隧道的方法称为"盾构施工法"。其施工程序是:在盾构前部盾壳下挖土(机械挖土或人工挖土),一面挖土,一面用千斤顶向前顶进盾体;顶至一定长度后(一般为一片衬砌圈宽度),再在盾尾拼装预制好的衬砌块,并以此作为下次顶进的基础;继续挖土顶进。在挖土的同时,将土屑运出盾构。如此不断循环,直至修完隧道为止。

盾构施工法的采用,要综合考虑地质条件、覆盖土层深度、断面大小、电源问题、离主要建筑物的距离、水源和施工段长度等多种因素。

第三节 出渣运输

一、装渣与卸渣

装渣设备应选用能在隧道开挖断面内发挥高效率的机械,其装渣能力应与每次开挖土石方量及运输车辆的容量相适应。

1. 装渣

装渣作业应符合下列要求:

(1)机械装渣作业应严格按操作规程进行,并不得损坏已有的支护及临近设备。

(2)采用有轨式装渣机械时,轨道应紧跟开挖面,调车设备应及时向前移动,或采用梭式矿车、转载机等设备进行装渣。

(3)漏斗装渣时,漏头处应有防护设备和联络信号,装渣结束后漏斗处应加盖。

(4)在台阶或棚架上向下扒渣时,渣堆应稳定,防止滑坍伤人。

2. 卸渣

卸渣作业应符合下列要求:

(1)应根据弃渣场地条件、弃渣利用情况、车辆类型,妥善布置卸渣线,卸渣应在布置的卸渣线上依次进行。

(2)卸渣宜采用自动卸渣或机械卸渣设备,卸渣时有专人指挥卸渣、平整。

(3)卸渣场地应修筑永久排水设施和其他防护工程,确保地表径流不致冲蚀弃渣堆。

(4)轨道运输卸渣时,卸渣码头应搭设牢固,并设挂钩、栏杆,轨道末端应设置可靠的挡车装置。

二、运输

(1)运输方式分为有轨式和无轨式,应根据隧道长度、开挖方法、机具设备、运量大小等选用。

(2)进行长隧道施工时,应根据施工安排编制运输计划,统一调度确保车辆运输安全,提高运输效率。

(3)采用有轨式运输时,洞外应根据需要设置调车、编组、出渣、进料、设备整修等作业线路。洞内应铺设双道;在单道地段,错车线的有效长度应符合最长列车运行的要求。

(4)有轨式运输的线路铺设标准和要求如下:

①钢轨人力推运时,单位长度钢轨质量不应小于8kg/m;机动车牵行时不宜小于24kg/m。钢轨配件、夹板、螺栓必须按标准配齐。

②道岔型号,应与钢轨类型相配合。机动车牵引宜选用较的型号,并安装转辙器。

③轨枕间距不宜大于70cm,长度为轨距加60cm。轨枕的上下面应平整。在道岔处应铺设长轨枕。

④平曲线半径:洞内不应小于机动车或车辆轴距的7倍,洞外不应小于10倍。

⑤道床:可利用洞内不易风化的石渣作为道砟,厚度不应小于15cm。

⑥线间距:双道的线间距应保持两列车间净距大于20cm,错车线外应大于40cm。

⑦车辆距:坑道壁或支撑边缘的净距应不小于20cm,单道一侧的人行道宽度不宜小于70cm。

⑧纵坡洞内人力推车时不宜大于1.5%;机动车牵引时不宜大于2.5%;皮带运输机输送时不宜大于25%。洞外卸渣线末端应设1%~3%的土坡段。

⑨线路铺设轨距允许误差为:+6mm、-4mm,曲线地段应按规定加宽和设超高,必要时应加设轨距拉杆;直线地段应两轨平整。钢轨接头处应并排铺设两根枕木,保持平顺,连接配件应齐全牢固。

⑩当采用新型轨式机械设备时,线路铺设标准应符合机械规格、性能的要求,保证运输安全。

(5)有轨运输作业应遵守下列规定。

①机动车牵引不得超载。

②车辆装载的高度不超过斗车顶面40cm,宽度不超过车宽。

③列车连接必须良好,利用机车进行车辆的调车、编组和停留或人力推动车辆时,必须有可靠的制动装置,严禁溜放。

④车辆在同方向行驶时,两组列车间的距离不得小于60m;人力推斗车时,间距不得小于20m。

⑤在洞内施工地段、视线不良的弯道上或通过道岔和洞口平交道等处,机动车牵引的列车运行速度不宜超过5km/h;其他地段在采取有效的安全措施后,最大速度不应超过15km/h。

⑥轨道旁的料堆,距钢轨外缘不应小于50m,高度不大于100m。

⑦长隧道施工应有载人列车供施工人员上下班使用,并应制订保证安全的措施。

(6)洞内采用无轨式自卸卡车运输时,运输道路宜铺设简易路面。道路的宽度及行车速度应符合下列要求:

①单车道净宽不得小于车宽加2m,并应隔适当距离设置错车道;双车净宽不得小于2倍车宽加2.5m;会车视距宜为40m。

②行车速度,在施工作业地段和错车时不应大于10km/h;成洞地段不宜大于20km/h。

(7)运输线路或道路应设专人按标准要求维修和养护,使其经常处于平整、畅通状态。线路或道路两侧的废渣和余料应随时清除。

(8)运输车辆的性能必须良好,在操作时应符合有关的安全管理规定。

(9)先拱后墙法施工中,如用卡口梁作运输栈道,在卡口梁下应加设立柱支顶,以保证栈道上的运输安全。

相关资源见二维码21、二维码22。

21-皮带输送、轨道运输

22-出渣运输

思 考 题

1. 简述水底隧道的开挖方法。
2. 出渣运输的技术有哪些?
3. 掘进的方式有哪些?

第五章 辅助施工作业

在修建隧道时,为配合开挖、运输、支护及衬砌等基本作业而进行的其他作业称为"辅助作业"。它主要包括两方面的内容:一是为施工的进行提供必要的能源动力;二是为施工的进行提供良好的作业环境。辅助施工作业的主要对象是气、尘、光、电和水。如何保证施工过程中能源的供应和控制整个作业环境在规定标准之下,是当前发展和改善施工技术的一个重要出发点。本章将从供风、通风与防尘,施工供水与排水,供电与照明和施工安全管理四个方面介绍隧道工程辅助施工作业。

第一节 供风、通风与防尘

隧道是一个相对闭塞的空间,一般只有进出口与大气相通,空气循环较慢。在隧道施工作业时,由于转孔、爆破、装渣及喷射作业产生的粉尘、有害气体,内燃机车的废气及排烟,有机溶剂产生的有害气体,天然发生的可燃性气体、有害瓦斯及缺氧空气等需要采取通风和防尘措施为施工提供安全、卫生的作业环境。同时,在施工过程中广泛使用的凿岩机、装渣机、喷混凝土机、压浆机等风动机具需要以压缩空气为动力,需要在一定的风压和风量条件下进行正常工作,因此,在施工过程中需要供应压缩空气。

一、供风

压缩空气应具备足够的风量和必需的风压两个主要条件,还应尽量减少压缩空气在管路输送过程中的风量和风压的损失,从而节约能源和降低消耗。

1. 空压机站的生产能力

压缩空气一般由集中安设在隧道洞口附近的空气压缩机站内的空压机供应。由于储气筒到风动机具沿途会损失部分风量,同时考虑到一定的富余量,因此,空压机站的生产能力 Q 可用下式计算:

$$Q = (1 + K_{备})(\sum qK + q_{漏})k_{m} \tag{5-1}$$

式中:$K_{备}$——空压机的备用系数,一般采用75% ~ 90%;

$\sum q$——风动机具所需风量,根据风动机具性能表确定,m^3/min;

$q_{漏}$——管路及附件的漏耗损失;

K——同时工作系数,如表5-1所示;

k_{m}——空压机所处海拔高度对空压机生产能力的影响系数,如表5-2所示。

同 时 工 作 系 数　　　　　　　　　　　　表 5-1

机具类型	凿岩机		装填机		锻钎机	
同时工作台数	1~10	11~30	1~2	3~4	1~2	3~4
K	0.85~1.00	0.75~0.85	0.75~1.00	0.50~0.70	0.75~1.00	0.50~0.65

海拔高度影响系数　　　　　　　　　　　　表 5-2

海拔高度(m)	0	305	610	914	1 219	1 524	1 829	2 134	2 438	2 743	3 048	3 658	4 572
k_m	1.00	1.03	1.07	1.10	1.14	1.17	1.20	1.23	1.26	1.29	1.32	1.37	1.43

根据空压机站所应满足的生产能力选择合适的空压机或空压机组合,选择适当容量的储风筒。空压机站应设置在通风良好、地基稳固、空气洁净、便于安装搬运处。由于通风管道的漏风损耗,空压机站需要尽量靠近洞口;当有多个洞口需要集中供风时,应选择合适位置以减少管路的漏风损耗。

2. 高压风管道的设置

(1) 选择合适的管径。

空压机生产的压缩空气压力一般为 0.7~0.8MPa,钢管终端的风压不得小于 0.6MPa,通过胶皮管输送至风动机具的工作风压不应小于 0.5MPa,压风管道工作风压不应小于 0.5MPa。

根据达西定律,钢管的风压损失与管径成反比,与管长成正比。若计算的压力损失值较大,则需要选用较大管径的风管以减少压力损失值,使钢管末端风压不得小于 0.6MPa。钢管与风动机具之间由胶皮风管连接,其压力损失较大,应尽量缩短胶皮风管的长度,从而使压缩空气的工作压力不应小于 0.5MPa。

(2) 安装管道。

为了在输送压缩空气的过程中减少漏风损耗和保证管道安全使用,管道的安装应满足以下要求:

①管道敷设要求平顺,接头密封,防止漏风。凡有裂缝、创伤、凹陷等现象的钢管不能使用。

②在洞外,风管长度超过 500m、温度变化较大时,宜安装伸缩器;靠近空压机 150m 以内,风管的法兰盘接头应用耐用材料制成的垫片,如石棉衬垫。

③压风管道在主输出管道上,必须安装总阀以便控制和维修管道;主管道上 300~500m 的间距安装闸阀;按施工要求,在适当地段加设一个三通接头备用;管道端至开挖面距离宜保持在 30m 左右,并用高压软管接风器;用分部开挖法通往各工作面的软管长度不宜大于 50m,与分风器联结软管不宜大于 10m。

④主管长度大于 1 000m 时,应在管道最低处设置油水分离器,定期放出管道中聚集的油水,以保持管道内清洁与干燥。

⑤管道安装前应进行检查,钢管内不得残留杂物和其他脏物,各种闸阀在安装前应拆开清洗,并进行强度试验。

⑥管道在洞内应敷设在电缆、电线另一侧,并与运输轨道有一定距离。如与水沟同侧时不应影响水沟排水。

⑦管道使用时,应有专人负责检查、养护。

二、通风

在隧道的施工过程中,因钻孔、爆破、装渣、喷射而产生的粉尘,爆破后产生的有害气体,内燃机车的排烟、废气,有机溶剂产生的有害气体,围岩中发生的可燃性气体、有害瓦斯、缺氧空气以及高温、高湿的洞内环境严重威胁着施工人员的安全和健康,必须采取必要的措施为施工人员提供安全、卫生的作业环境。

1. 施工环境卫生及安全标准

我国公路和铁路设计、施工技术规范中对施工过程中的空气质量均有明确的要求,此外空气质量应满足《工业企业设计卫生标准》《工作场所有害因素职业接触限值》等法律、法规的要求。

(1)粉尘浓度。

空气中粉尘浓度受空气中游离的二氧化硅含量的影响,每立方米空气含10%以上游离二氧化硅的粉尘为2mg;含游离二氧化硅在10%以下时,不含有害物质的矿物性和动植物性粉尘为10mg;含游离二氧化硅在10%以下的水混粉尘为6mg。

(2)洞内空气中的氧气含量。

空气中氧气含量在作业过程中始终保持在20%以上,二氧化碳含量不得大于0.5%,不得使用纯氧进行通风换气。

(3)有害气体容许浓度。

空气中一氧化碳浓度不得超过30mg/m³。短时施工作业时,一氧化碳浓度可适当放宽,施工人员进入开挖面作业时,浓度容许达到100mg/m³,但必须在30min内降低至容许浓度。氮氧化合物(换算成二氧化氮)应在5mg/m³以下。瓦斯浓度,按体积计算不得大于0.5%。

(4)洞内温度。

洞内工作地点的空气温度不得超过28℃。

(5)洞内风量和风速。

供给每人每分钟新鲜空气量不少于3m³,内燃机械每千瓦供风量不宜小于3m³/min。全断面开挖时风速应不小于0.15m/s,导洞内不应小于0.25m/s,风速不得大于6m/s。

2. 通风方式

确定通风方式时应根据隧道长度、掘进坑道的断面大小、施工方法和设备条件等综合确定,主要分为自然通风和强制机械通风两类。隧道长度小于400m或独头掘进长度小于200m的短直隧道可利用洞内外存在温差和气压差实现自然通风。自然通风方式的优点:一旦这种通风方式能够在适宜的气候条件和风规律中应用于隧道施工中,即可极大地节省能源消耗,对环境的影响最小。但其不足之处在于:第一,限制因素众多,如自然条件和施工方法等;第二,排污换气周期长,影响施工进度;第三,排污不够充分,对工作人员的健康危害大。自然通风受洞外气候条件的影响极大,绝大多数隧道采用强制机械通风方式。

机械通风方式,可分为管道通风和巷道通风两类。其中,管道通风根据隧道内空气流向的不同分为压入式、抽排式和混合式;巷道通风根据通风风机的台数及其设置位置、风管的连接方法可分为集中式和串联式。

压入式通风是将轴流风机安设在距离洞口30m以外的新鲜风区,通过风管将新鲜风压送到开挖工作面,并将稀释的污风沿隧道排出洞外,如图5-1所示。此方式基本不受施工条件限制,目前在施工生产中应用很广泛。压入式通风的优点是有效射程比较大,冲淡和排出炮烟的作用很强,污浊气体回流时不通过风机,对风机设备污染小,当处在有瓦斯涌出的工作面时,采用压入式通风比较安全,此通风方式可以使用柔性风管。洞内的污染空气沿着隧洞流出,沿途就带走了隧洞内的粉尘及污浊气体,所以对于工作面的环境改善更有利。压入式通风的缺点是由于有效射程比较长,这就相应需要更大量的风去完成排烟过程,而且时间会比较长,由于洞内的污浊气体从工作面缓慢地向洞口排出,使得污浊气体污染了整个隧洞。

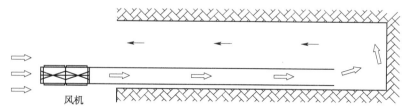

图 5-1 压入式通风

抽排式细分为抽出式和排出式。抽出式通风是将通风机安设在距离洞口30m以外的下风向,通过刚性负压风管将开挖工作面产生的污风抽出洞外,新鲜风沿隧道进入开挖工作面,如图5-2所示。排出式通风是将通风机安设在开挖工作面污染源附近,通过通风管将污风排出洞外,洞外通风管出风口也需在距离洞口30m以外的下风向,新鲜风沿隧道进入开挖工作面。抽出式或压出式通风的优点是由于风口正对着隧洞内的污浊气体,所以,排烟的效果比较好,所需要的风量相对压入式通风来说需要很小的风量,并且,污浊的回风气流不会污染整条隧道。其缺点是,由于原理决定了其有效吸程很短,只有在风筒口和工作面相当近的情况下此种通风方式才有令人满意的效果,如果离风筒口距离稍远的话,效果很不明显。而且,当风机或风筒距掌子面很近时,就会使施工掌子面设备的布置成为问题。例如,全断面钻爆法施工开挖时,就有可能由于爆破飞出的石块等物体把通风设备损坏,当处在有瓦斯的隧洞中时,就有发生爆炸的危险,因此,有沼气涌出的隧道中是绝对不准采用这种通风方式的,许多施工单位使吸风口远离了工作面,最终使通风效果很不理想。

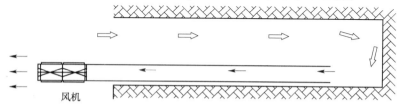

图 5-2 抽出式通风

混合式通风是将压入式与抽排出式联合布置的一种通风方式,如图5-3所示。抽出式风机如果用柔性风管的话,就应用压出式系统,功率较大,是主风机。压入式风机是辅助风机的作用是有效利用其射程长的优点,把炮烟掺混均匀使其远离工作面,之后用抽出式、压出式风机把污浊空气吸走。这种方式综合了前两种方式的优点,对于大断面的长距离隧道通风比较适用,尤其运用在机械化作业时有较大优势。混合式通风,必须注意的技术要点:

(1) 套管的搭接长度必须在 20m 以上,以避免产生短循环风流,不利于有害气体和粉尘的排出。

(2) 两风机必须同时开动,否则起不到通风作用。

(3) 入式风管的端部与工作面之间的距离应设置在压入式通风的有效射程之内,否则效果不好。

(4) 出风管出口端必须伸出洞口一段距离并弯向上侧,以免造成污浊空气顺洞口回流进洞。

(5) 风机的风量应大于辅助风机的风量,以免污浊空气顺着隧道流出,使其产生压入式通风的效果。

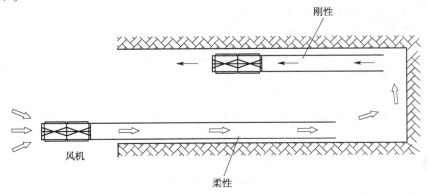

图 5-3 混合式通风

巷道式通风是利用隧道自身包括成洞、导坑及扩大地段和辅助坑道加平行导坑组成一个主风流和局部风流两个系统,并且两个系统之间互相配合从而达到施工通风的目的,如图 5-4 所示。一般应用在有联络通道的平行双洞条件下,辅助坑道贯通的情况下有时也在局部采用,它分为主扇巷道式和射流巷道式。目前应用较多的是射流巷道式通风。射流巷道式通风以射流风机为动力来引射新鲜风,开挖工作面利用安设在新鲜风区的局扇压入式风机和通风管来获取新鲜风,它要求局扇压入式风机后面的横通道必须及时封闭,以避免风流短路或污风循环。长大隧道施工中在地质条件允许的状况下,开设通风辅助坑道如平导、斜井和竖井等,与隧道洞身连通形成通风回路的通风方式。利用辅助风道进行通风可以减小独头掘进距离,降低隧道施工的通风成本。

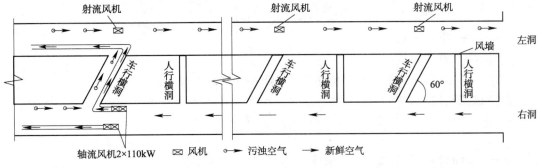

图 5-4 巷道式通风示意图

3. 通风计算

施工通风计算是为提供洞内所需的新鲜空气,选择合适的通风机,以便布置合理的通风管道,从而满足施工作业环境的要求。

(1)风量计算。

隧道施工中,工作面所需的风量与施工方法、工艺、设备等有关,而且在施工组织中,不同工种对风量的需求也不相同。风量计算的目的是为选择合适的通风机械和设计通风系统提供参考,相应的通风装备的供风能力要能满足施工作业面对风量的最大需要。

①按洞内同时工作的最多人数计算:

$$Q = kmq \tag{5-2}$$

式中:Q——所需风量,m^3/min;

k——风量备用系数,常取 $k = 1.1 \sim 1.2$;

m——洞内同时工作的最多人数;

q——洞内每人每分钟所需新鲜空气量,通常按 $3m^3/min$ 计算。

②按同时爆破的最多炸药量计算:

通风方式不同,计算方法也不同。

a. 压入式通风的风量计算:

$$Q_{混压} = \frac{7.8}{t} \sqrt[3]{A \cdot S^2 \cdot L}$$

$$Q_{混吸} = 1.3 Q_{混压} \tag{5-3}$$

式中:S——坑道断面面积,m^2;

L——坑道长度;

A——同时爆破的炸药量,kg;

t——爆破后的通风时间。

b. 吸出式通风:

$$Q = \frac{15}{t} \sqrt{A \cdot S^2 \cdot L_{散}} \tag{5-4}$$

式中:$L_{散}$——爆破后炮烟的扩散长度,m。

c. 混合式通风:

$$Q_{混压} = \frac{7.8}{t} \sqrt[3]{A \cdot S^2 \cdot L_{入口}^2}$$

$$Q_{混吸} = 1.3 Q_{混压} \tag{5-5}$$

式中:$Q_{混压}$——压入风量;

$Q_{混吸}$——吸入风量;

$L_{入口}$——压入风口至工作面的距离,一般采用 25m 计算。

d. 巷道式通风:

$$Q = 5 \frac{Ab}{t} \tag{5-6}$$

式中:b——1kg 炸药折合成一氧化碳的体积,一般采用 40L/kg。

③按内燃机作业废气稀释的需要计算:

$$Q = k \cdot \sum P \tag{5-7}$$

式中:$\sum P$——同时在洞内作业的各种内燃机的功率总和,kW;

k——内燃机单位功率所需风量指标,取 $k = 4\mathrm{m}^3/(\min \cdot \mathrm{kW})$。

④按洞内允许的最小风速计算:

$$Q = V \cdot S \tag{5-8}$$

式中:V——洞内允许最小风速(m/s)为 15m/min,全断面开挖时为 0.15m/s,其他坑道为 0.25m/s;

S——坑道断面面积,m^2。

(2)漏风计算。

通风机的供风量除满足上述计算的需要风量外,还应考虑漏失的风量,即

$$Q_{供} = P_l \cdot Q \tag{5-9}$$

$$P_l = \left(1 - P_{100} \times \frac{L}{100}\right)^{-1} \tag{5-10}$$

式中:Q——前述计算结果的最大值;

P_l——漏风系数;

P_{100}——风管百米漏风率;

L——风管供风距离,m。

(3)风压计算。

在通风过程中,要克服风流沿途所受阻力,保证将所需风量送到洞内,并达到规定的风速,则必须要有一定的风压。因此,风压计算的目的就是确定通风机本身应具备多大的压力才能满足通风需要。气流所受到的阻力有摩擦阻力、局部阻力(包括断面变化处阻力、分岔阻力、拐弯阻力)和正面阻力,其计算可用下式表示:

$$h \leqslant h_{机} \tag{5-11}$$

$$h = \sum h_{摩} + \sum h_{局} + \sum h_{正}$$

式中:h——风流受到的总阻力,Pa;

$h_{机}$——通风机的风压,Pa;

$h_{摩}$——风流经过各种断面的管巷道时产生的摩擦阻力,Pa;

$h_{局}$——气流经过断面变化,拐弯、分岔等处分别产生的阻力,Pa;

$h_{正}$——巷道通风时受运输车辆阻塞而产生的阻力,Pa。

a. 摩擦阻力。

摩擦阻力是管道或巷道周壁与风流互相摩擦以及风流中空气分子间的扰动和摩擦而产生的阻力,也称"沿程阻力"。

$$h_{摩} = \frac{\alpha L U Q^2}{S^3} \tag{5-12}$$

式中:α——摩擦阻力系数,$\mathrm{N} \cdot \mathrm{s}^2/\mathrm{m}^4$;

L——风管长度,m;

U——风道周边长度,m;

Q——风道流量,m^3/s;

S——风管截面积,m^2。

b. 局部阻力。

风流经过风管的某些局部地点(如断面扩大、断面减小、拐弯、交叉口等)时,由于速度或方向发生突然变化而导致风流本身产生剧烈的冲击,由此产生风流阻力即局部阻力。

$$h_{局} = \zeta \frac{v^2}{2g} \gamma \tag{5-13}$$

式中:ζ——局部阻力系数,$N \cdot s^2/m^4$;

γ——空气重度,一般取$12N/m^3$;

v——风流经过局部断面形状变化后的速度,m/s。

c.正面阻力。

当通风面积受阻时,受阻区在由小增大的工程中会相应增加风流阻力,一般可用下式计算:

$$h_{正} = 0.612\varphi \frac{S_m Q^2}{(S - S_m)^3} \tag{5-14}$$

式中:φ——正面阻力系数;

S_m——阻塞物最大迎风面积,m^2。

4.通风设备的选择

施工通风设备的选择,其程序是确定通风方式、计算出风量、选择风管、计算出通风阻力、选择通风机械。而确定通风方式往往是和确定施工方案一起进行的。通风机的功率、风管的直径应根据隧道独头掘进长度、运输方式、断面大小和通风方式等计算确定。

通风机有轴流式和离心式两类。在隧道施工通风中主要采用轴流式通风机。在选择时,通风机的供气量应大于考虑了储备系数的计算空气量,同时提供的空气气压不应小于考虑了漏风系数的计算风阻。此外,根据具体情况,还可以选择具有吸尘、集尘、防爆和低噪声等特性的风机。

通风风管分为刚性风管和柔性风管。刚性风管的优点是摩擦阻力小、抗冲击、耐磨、不宜变形、能承受负压等,但缺点是管节短,重量大,加工、制作、搬运、存储、安装都比较麻烦。柔性风管相对具有管节长,接头少,重量轻,搬运、存储、安装方便等优点,其缺点是强度和耐疲劳性比较差,不能承受负压等。对于风管直径,主要是依据需风量以及通风距离来选择的。当需风量很大且通风距离长时,应选择较大的风管直径,同时同一管路的直径宜一致。

当通风管较长,需要提高风压时,可采用多台通风机串联;巷道式通风无大功率通风机时,亦可采用数台通风机并联。串联与并联的通风机应采用同一型号,通风管应与风机配套。

5.通风设备的安装与使用

通风机的安装和使用应符合下列规定:

(1)主风机安装应符合通风设计要求,洞内辅助风机应安装在新鲜风流中。

(2)通风机应装有保险装置,当发生故障时能自动停机。

(3)通风机应有适当的备用量,宜为计算能力的50%。

(4)主分机应保持经常运转,如需间歇,因停止供风而受影响的工作面必须停止工作。

通风管的安装应符合下列规定:

(1)送风式的管口应设在洞外,宜在洞口里程30m外。

(2)集中排风管口应设在洞外,并应做成烟囱式。

(3)通风管靠近开挖面的距离应根据开挖面大小确定,送风式通风管的送风口距离开挖面不宜大于15m,排风式风管吸风口距离开挖面不宜大于5m。

(4)采用混合通风方式时,当一组风机向前移动,另一组风机的管路应接长,并始终保持两组管道相邻端交错20~30m。局部通风时,排风式风管的出风口应引入主风流循环的回风流中。

(5)通风管的安装应做到平稳,接头严密,每100m平均漏风率不得大于2%,弯管半径不小于风管直径的3倍。

(6)通风管应设置专人定期维护、修理,如有破损,必须及时修补或更换。当采用软风管时,靠近风机的部分应采用加强型风管。

(7)送风管宜采用软管,排风管应采用硬管。

三、防尘

在现代地下施工中,钻孔和爆破作业、机械开挖作业、喷射混凝土作业、装运渣作业等产生的大量浮游粉尘已成为恶化洞内环境的重要因素。在这些作业中产生的粉尘量,主要是开挖岩石的微小粉尘,喷射混凝土的粉尘以及柴油机排放的烟尘等,其中喷射混凝土作业产生的粉尘量最多。这些粉尘中,对人体有害的是游离硅酸,其粒径小于$7.07\mu m$,极易被人体吸入,或沉附于支气管中,或吸入肺泡,致使形成极难治愈的矽肺病,严重时会使肺功能完全丧失而死亡。因此,防尘工作十分重要。

隧道粉尘控制措施是综合性的,主要是湿式凿岩、水封爆破、喷雾洒水、湿喷混凝土、通风排尘以及各类除尘器除尘和个人防护相结合,综合防尘。

1. 湿式凿岩

湿式凿岩使用的气动凿岩机或风枪等钻孔设备都配备注水湿式凿岩设备,在钻孔的同时通过空心钻杆向孔内注水,所以,钻杆与岩体摩擦产生的粉尘就不会飞扬,而是随水流出孔外。根据现场测定,这种方法可降低80%的粉尘量,目前已经在施工中广泛采用。对于缺水、易冻害或岩石不适于湿式凿岩的地区,可采用干式凿岩孔口捕尘,其效果也较好。

2. 水封爆破

水封爆破是使水受热雾化成的微细水雾与岩石爆破所形成的粉尘相接触,从而起到降尘作用。中铁十一局集团和铁道建筑研究设计院共同研究开发了"隧道掘进和城市露天开挖水压爆破技术",能使隧道爆破后掌子面粉尘含量降低42.5%。

3. 喷雾洒水

喷雾洒水是向悬浮在空气中的粉尘喷射水雾,使尘粒的重量增加,从而达到降尘的目的;向隧道周壁和底板上洒水,使得微细粉尘黏附在周壁和底板上,从而达到降尘目的。喷雾洒水降尘又名"水幕降尘",在爆破前后打开水幕发生器,把粉尘阻止在有限的空间内,降低了粉尘的浓度,减少了每个循环的时间,缩短了工期;在出渣时利用洒水车预先湿润路面及周壁,并在渣堆上分层洒水。

洒水是降低粉尘浓度简单、有效的措施,单纯加强通风会吹干湿润的灰尘而重新飞扬,因此,即使在通风较好的情况下,洒水降尘仍然有必要。

4. 湿喷混凝土

湿喷混凝土是将水、集料和水泥按设计比例拌和均匀,用湿喷机压至喷头处,再在喷头上添加速凝剂后喷到岩面上。自20世纪始,随着湿喷技术的不断发展与完善,湿式混凝土喷射技术已成为国内外主要的混凝土喷射技术。湿喷混凝土强度较高,游离的粉尘少,喷射过程中的粉尘量和回弹量很小。

5. 通风排尘法

施工通风可以稀释隧道内的有害气体浓度,给施工人员提供足够的新鲜空气,也是防尘的基本方法。因此,除了爆破后需要通风外,还应该保持通风的频率,这对于消除装渣运输中产生的粉尘是十分必要的。

6. 集尘机排尘法

工程实践证明,单纯地依靠通风法来稀释不能从根本上解决洞内的粉尘问题,最好的方法是在粉尘扩散前,把污染空气直接导入集尘机中加以清除。为了把含有粉尘的空气诱导到集尘机里,可把小型集尘机安装在风管内,采用通风集尘一体化的系统技术,这是目前隧道施工通风技术发展的趋势。

7. 个人防护

对于防尘而言,个人防护主要是指佩戴口罩,在凿岩、喷混凝土等作业时还要佩戴防噪声的耳塞和防护眼镜等。

第二节　施工供水与排水

一、施工供水

由于凿岩、防尘、灌筑衬砌和混凝土养护、洞外空压机冷却等作业都需要大量用水,施工人员的生活也需要用水,因此要设置相应的供水设施。施工供水主要考虑水质要求、水量大小、水压和供水设施等几方面的问题。

1. 水质要求

凡是无臭味、不含有害矿物质的洁净天然水,都可以作为施工用水,饮用水的水质则要求更为严格,应符合国家饮用水质标准。

2. 用水量计算

(1)施工用水。

施工用水与工程规模、机械化程度、施工进度、人员数量和气候条件等有关,因而用水量的变化幅度较大,难以精确计算。一般根据相似工程的用水量和经验进行估算。

(2)生活用水。

隧道工程在建设过程中,应为施工人员提供良好的生活设施,满足一定的卫生要求,提供足够的生活用水。生活用水量可参考下列指标估算:生产工人平均 $0.1 \sim 0.15 m^3/d$;非生产工人平均 $0.08 \sim 0.12 m^3/d$。

(3)消防用水。

建设现场应满足消防的要求,提供充足的消防用水储备量。按照临时建筑房屋每

$3\,000m^2$ 消防耗水量 15~20L/s、消防灭火时间为 0.5~1.0h 计算消防用水量。

3. 供水方式及供水设备

(1)供水方式。

供水方式主要根据水源情况而定。常用水源有山上泉水、河水、钻井取水。水源自流引导或机械提升到蓄水池存储,并通过管路送达使用地点。个别缺水地区,则用汽车运水或长距离管路供水。

(2)供水设备。

供水设备主要包括贮水池、水泵和泵房。

贮水池一般修建在洞口附近上方,但应避免在隧道顶上或其他可危及隧道安全的部位,其高差应能保证最高用水点的水压要求。当采用机械或部分机械提升时应配备抽水机。水池应尽量结构简单且不漏水,基础应置于坚实地层上,一般可采用石碶,根据地形条件用埋置式或半埋置式。当地形条件受限制,不能埋置时,也可采用修建水塔或用钢板焊接水箱等方式。水池的容积大小应与抽水设备、集中用水量相配合,以满足施工的要求,同时满足每班最大用水量并考虑必要贮备的要求。

根据扬程及选用的钢管直径来选择合适的水泵,常用的水泵有单级悬臂式离心水泵和分段式多级离心水泵。

临时抽水泵房的要求,可按临时房屋的有关规定布置。水泵在安装前应按图纸检查基础位置、预留管道空洞等各部分尺寸是否符合要求,水泵底座位置经过校核后方能灌注水泥砂浆并固定地脚螺栓。

4. 供水管道布置

在布置供水管道时,应满足以下要求:

(1)管道敷设要求平顺、短直且弯头少,干路管径尽可能一致,接头严密不漏水。

(2)管道沿山顺坡敷设悬空跨距较大时,应根据计算来设立支柱承托、支撑点与水管之间加木垫;严寒地区应采用埋置或包扎等防冻措施,以防水管冻裂。

(3)水池的输出管应设总闸阀,干路管道每隔 300~500m 应安装闸阀一个,以便维修和控制管道。管道闸阀布置还应该考虑一旦发生管道故障能够暂时由水池或水泵供水的布置方案。

(4)给水管道应安设在电线路的另一侧,不应妨碍运输和行人,并设专人负责检查养护。

(5)管道前段至开挖面,一般保持的距离为 30m,用直径 50mm 的高压软管接分水器,中间预留分水接头,至其他工作面供水使用软管连接,其长度不宜超过 50m。

(6)如利用高山水池,其自然压头超过所需水压时,应予以减压,一般是在管路中段设中间水池作过渡站,也可以直接利用减压阀来降低管道中水流的压力。

二、洞内排水

1. 洞内排水系统

隧道排水系统是一个完整的、搭接可靠的、排水通畅的互相关联的整体系统,主要由排水管和环向排水管→纵向排水管→横向排水管→路基路面排水管构成。

(1)排水管。

排水管是断面呈 Ω 形的弹簧排水管,弹簧断面弦侧开口,弧侧粘贴有塑料薄膜。要求其强度能够承受喷射混凝土的冲击力而不损坏、不变形,且纵向具有柔软可弯折的特点,以适应围岩变形及喷射混凝土表面不平整的情况。

Ω形弹簧状排水管将渗水引排至墙角,排入纵向排水管,适用于岩面、喷射混凝土表面,具有比较集中的渗水裂隙或渗水点的情况。

(2)环向排水管。

环向排水管的作用是在岩面与初期支护喷射混凝土之间、初期支护喷射混凝土与防水板之间提供过水通道,并使之下渗汇集到纵向排水管。

环向排水管的设置根据地下水施工渗漏情况具有较大的灵活性。当围岩渗水严重时,岩面与初期支护喷射混凝土之间、初期支护喷射混凝土与防水板之间都应当设置环向排水盲管,渗水较少时,只在初期支护喷射混凝土与防水板间设置,如果没有渗水或渗水极少,则可不设;当围岩渗水严重时,环向排水盲管的纵向间距小,渗水量小时,纵向间距加大。

(3)纵向排水管。

纵向是沿隧道纵向设置在衬砌外侧的透水管。纵向排水管的作用是将环向排水管和防水垫板层排下的水汇集并通过横向排水管排出。

分离式隧道内沿全长在二次衬砌两侧墙角外侧设置纵向排水管;连拱隧道沿全长在中隔墙顶部两侧拱脚和边墙墙脚附近各设置一道纵向排水管。纵向排水管需要用排水管连接至中心排水管或排水沟。

(4)横向排水管。

横向排水管位于衬砌基础和路面的下部,布设方向与隧道轴线垂直,是连接纵向排水盲管与中央排水管的通道。

(5)路基路面排水管沟。

路基路面排水沟是将隧道内各种渗水、清洗废水、消防水排出洞外的通道。

当不考虑管道抗冻结作用时,一般在道路两侧设计路面排水沟作为各种水流共用的外排通道。若存在冻结时,一般同时设置路面排水沟和路基排水管。

路基路面排水沟多采用预制混凝土段按照一定的排水坡度拼装而成。为了便于排水管沟的检查、疏通和维修,排水管沟应当按照规范规定的间距设置沉沙井和检查孔。

2.洞内排水系统施工

(1)Ω形排水管安装。

Ω形排水管的安装方法分为砂浆喷埋法和射钉固定法。其中,砂浆喷埋法的操作步骤是:
①用长柄钢叉将排水管管下端安在待装位置。
②调整砂浆的喷射压力与含水率等,在排水管两侧试喷。
③分层将砂浆在排水管两侧堆积,然后由下至上逐段埋设排水管。
④用普通喷射混凝土将排水管周围填平。

(2)环向排水盲管。

目前工程中使用的环向排水管通常为弹簧排水管,施工前应检查弹簧管质量。施工时应做到:
①按要求布设环向弹簧排水管,要保证基本间距,局部用水量大时应该加大密度。
②安装时弹簧排水管应尽量贴近渗水岩壁,尽量减少地下水由围岩到排水管的阻力。

③排水管布置时沿环向应当圆顺,在拱顶部位不得起伏不平。
④排水管安装时应当先用钢卡等固定,再喷射混凝土封闭。
⑤应检查弹簧排水管与下部纵向排水管的连接,确保排水管下部排水畅通。

(3)纵向排水管与横向排水管施工。

纵向排水管应按照一定的排水坡度安装,中间不得有凹陷、扭曲等现象,防止泥沙在这些位置淤积、堵塞排水管。施工前应进行排水管材质及规格检查和管身透水孔检查。施工时应进行安装坡度检查、包裹安装检查及与上下排水管的连接检查。

横向排水管的施工与纵向排水管施工工艺相同。应注意检查接头是否牢靠、密实,保证纵向排水管与中央排水管间水路畅通。横向排水管上方应有一定的缓冲层,以免路面荷载直接对横向排水管施压造成水管破裂或变形,影响排水能力。

(4)路基、路面排水管、排水沟施工。

路基排水管一般采用预制管段在现场拼接的方法施工,在施工时要重视管段的预制,确保管段的尺寸、材料质量和施工质量。在现场拼接时应检查预制管段的规整性和管壁的强度等质量指标。施工时先挖基槽,整平基础,然后铺设管段,最后回填压实。施工时注意基础的处理,在软岩或断层破碎带区段施工中,将不良土(岩)体用强度较高的碎石替换,并用素混凝土找平基面。施工中应保证总体和局部的坡度。铺设管段时,首先,要保证将具有透水孔的一面朝上,放稳后用砂浆将段间接缝密封填实;其次,砂浆凝固后,逐段检查透水情况;然后,用土工布覆盖管段透水孔,注意横向排水管出口与中央排水管的连接方式。

路面两侧排水沟一般采用现浇方法施工,也可采用预制管段现场拼接方法施工。施工时应注意:侧沟与侧墙应连接牢固,必要时可在墙部加设短钢筋,使墙与沟壁连为一体;侧沟进水孔的孔口端应低于该处路面高程。路面铺筑时不得堵塞孔口;隧道内侧沟旁设有集水井时,宜与侧沟、路面同时施工;应当保证按照设计的结构尺寸、排水坡度进行施工,保证横向排水坡度进行施工,保证横向排水管与排水沟的顺畅连接。

3. 洞内外排水衔接

洞内外排水衔接是隧道排水的最后环节,应满足以下几个条件:
①洞内外连接水沟应设钢混凝土盖板。
②洞外路基排水边沟至汇水坑以外不小于2m,除坚硬、不易风化者外,均应该采用浆砌片石铺砌。
③连接水沟的侧墙应预留泄水孔,其间距为50~100cm。
④为保证水流畅通,洞内中心排水沟与路基排水边沟或适当排水沟连接的斜水沟与线路中线的夹角以45°为宜,斜水沟应采用内径不小于40cm的预制钢筋混凝土圆管,出口设八字墙或端墙。
⑤在寒冷或严寒地区设置保温水沟,出口采用保温出口。

第三节 供电与照明

一、供电

随着隧道施工机械化程度的提高,隧道施工的耗电量也越来越大,且负荷集中。同时为保证施工质量和施工安全,对隧道施工供电的可靠性要求也越来越高,因而施工供电显得越来越重要。

1. 施工总用电量估算

在施工现场,电力供应应先确定总用电量,以便选择合适的发电机、变压器、各类开关设备和线路导线,做到安全、可靠地供电,并且节约资源,提高效益。在实际生产中,并非所有设备都同时工作,并且处于工作状态的用电设备也并非均处在额定工作状态。所以,确定现场供电负荷的大小时,不能简单地将所有用电设备的容量相加,需要经过计算确定。

(1)同时考虑施工现场的动力和照明。

$$S_{总} = K\left(\frac{\sum P_1 \cdot K_1}{\eta \cdot \cos\varphi} \cdot K_2 + \sum P_2 \cdot K_3\right) \tag{5-15}$$

式中:$S_{总}$——施工总用电量,kW;

K——备用系数,一般取 1.05~1.10;

$\sum P_1$——整个工地动力设备的额定输出功率总和,kW;

$\sum P_2$——整个工地照明用电量总和,kW;

η——动力设备的平均系数,采用 0.83~0.88;通常采用 0.85;

$\cos\varphi$——平均功率因数,采用 0.5~0.7;

K_1——动力设备同时使用系数,通风机 0.8~0.9,电动机械 0.65~0.75;

K_2——动力负荷系数,一般取 0.75~1.0;

K_3——照明设备同时使用系数,一般取 0.6~0.9。

(2)只考虑动力负荷。

当照明用电相对于动力用电而言,所占比例较少时,为简化计算,可在动力用电量之外再加 10%~20%,作为总用电量,即

$$S_{动} = \frac{\sum P_1}{\eta \cdot \cos\varphi} \cdot K_1 \cdot K_2 \tag{5-16}$$

$$S_{总} = (1.1~1.2)S_{动}$$

式中:$S_{动}$——现场动力设备所需的用电量;

其他符号意义同前,但当使用大型用电设备时,K_1 可取 1.0。

2. 供电方式

隧道施工供电方式有自设发电站供电和地方电网供电两种。一般尽量采用地方电网供电,只有在地方供电不能满足施工用电量需要或距离电源太远时,才自设发电站。此外,自设发电站还可作为备用设备,当地方电网供电不稳定时采用,在有些重要施工场所应设置双回路供电网,以保证供电稳定性。

(1)变压器的选择。

一般根据估算的施工总用电量来选择变压器,其容量应等于或大于施工总用电量,且在使用过程中,一般使变压器承受的用电负荷达到额定容量的 60% 为宜。具体可按下述方法确定。

①配属电动机械的单台最大容量占总用电量的 1/5 以下时,变压器最大容量为:

$$S_e = \frac{\sum P_1 \cdot K_1}{\eta \cdot \cos\varphi} \tag{5-17}$$

②配属电动机械的单台最大容量占总用电量的 1/5 以上时,变压器最大容量为:

$$S_e = \frac{5\sum P_1 \cdot K_1 \cdot \mu}{\eta \cdot \cos\varphi} \tag{5-18}$$

式中:μ——配属机械中最大一台的容量与总容量的比值。

根据上述计算,从变压器产品目录中选择适当型号的配电变压器即可。

(2)变压器位置的确定。

变压器的位置应考虑便于运输、运行和检修,同时应选择在安全可靠的地方,因此应满足以下几个方面的要求。

①变压器应选在高压线方便处,且应尽量接近高压线。

②变压器必须安设在其供电范围的负荷中心,使其投入使用时线路损耗最小,且能满足电压要求。一般情况下,还应设在大负荷的附近。当配电压在 380V 时,供电半径不应大于 700m,一般以 500m 为宜。高压变电站之间的距离一般在 1 000m 左右。

③洞内变压器应安设在干燥的避车洞或不用的横通道处,变压器与周围及上下洞壁的距离不得小于 30cm,同时按规定要求采取安全防护措施。

3.供电线路布置及导线选择

(1)线路电压等级。

隧道供电电压,一般是三相四线 400/230(V)。长大隧道可用 6～10kV,动力机械的电压标准是 380V;成洞地段照明采用 220V,工作地段照明和手持电动工具按规定选择安全电压供电。

(2)导线选择。

当供电线路中有电流时,由于导线具有阻抗,会产生电压降,使线路末端电压低于首端电压。根据施工规则规定,选用的导线断面应使末端电压降不超过额定电压的 10% 及国家对经济电流密度的规定。

(3)供电线路布置。

在成洞地段使用 400/230V 供电线路,一般采用塑料绝缘铝芯线或橡皮绝缘铝芯线架设;开挖、未衬砌地段以及手提灯应使用铜芯橡皮绝缘电缆。布置线路时应注意以下几点:

①输电干线或动力、照明线路安装在同一侧时,必须分层架设。其原则是:高压在上,低压在下;干线在上,直线在下;动力线在上,照明线在下。且应在风、水管路相对的一侧。

②输电干线内配电线路分低压进洞和高压进洞两种。一般隧道在 1 000m 以下(独头掘进时),采用低压进洞,电压为 400V,配电变压器设在洞外,隧道在 1 000m 以上则采用高压进洞,以保证线路终端电压不致过低。高压进洞电压一般为 10kV,配电变压器设在洞内。

③根据隧道作业特点,电线线路架设分两次进行。在进洞初期,先用橡胶套装设临时电路,随着工作面的推进,在成洞地段用橡胶皮绝缘线架设固定线路,换下电缆供继续前进的工作面使用。

④洞内敷设的高压电缆,在洞外与架设高压线连接时,应安装相同电压等级的阀型避雷器一组。

⑤不容许将通电的多余电缆盘绕堆放,以免引起电缆过热发生燃烧和增加线路电压降。

⑥低压进路导线敷设方式分垂直、水平两种,水平排列方式占空间较大,影响大型施工

机械通过,故一般采用垂直排列方式。垂直排列式,采用针式绝缘子固定,线间距为0.2m,下部导线离地面不小于3m,横担间距一般为10m。高压进洞电缆一般采用明敷设。明敷设是将电缆线架设在明处,根据不同地段的具体条件,可分别用金属托架、挂钩、木耳子或帆布带等固定。电缆离地面不小于3.5m,横担间距一般为3~5m。

⑦线路需分支时,分支至所接设备的连接应使用橡套电缆,且每一分支线应在接头与所接设备之间,安装开关和熔断器;照明线路仅在总分支接头处设置开关和熔断器。分支接头应按规定搭接,并用绝缘胶布包裹。

二、照明

在隧道施工过程中,为改善隧道内的作业环境、确保施工安全和提高作业效率,应为隧道内提供照明。不仅在进行直接作业的掌子面,而且在衬砌已经完成地段也要确保足够的照明,力求防止灾害的发生。

照明分为对直接作业地点的暂时的、局部的照明和不进行作业的通道等长期的大范围的照明两种。

1. 所需亮度

所需亮度视作业地点的状况、作业内容、通道的状态及车辆运行密度而定。掌子面等地点的直接照明,为了使作业安全而有效地进行,必须确保充足的亮度,必要亮度在70lx以上。在进行清理浮石、挑顶等作业时,要增设移动式照明,以增加亮度。通道区间内,为确保作业人员通行的安全,要有足够的亮度,最暗部位的亮度要达到10lx以上,通常40W的日光灯每10m设置一个。此外,作业人员经常作业的地点的照明必须符合安全卫生规则的规定。

照明时应注意,为了确保作业所需的亮度,要使固定照明和移动照明相协调。为了维持环境所需的亮度,需要进行环境的维护及通风等管理。

2. 照明灯具

照明灯具有白炽灯、探照灯、日光灯、水银灯及钠灯等,视环境、施工方法等选定最合适的灯具。选定隧道内的照明灯具时,要注意以下各点:

(1)要获得作业安全所需的亮度,即不妨碍通道正常通行的照明,保持轨道维护、车辆调车、摘挂作业所需的照明。

(2)采用明暗对比不显著,而且不会晃眼的方法。

(3)设置、移动要方便。

(4)维修管理要容易。

(5)选用破损少而且灯泡破损或放热不会使可燃物燃烧的灯具。

3. 照明灯具的维修、管理

照明灯具和光源容易受到粉尘等污染,维持长时期照明很困难。一般来说,由于照明灯具污染会使光束损失,但在隧道内这种光束损失会加大,要充分了解现场状态,在适当时期内对光源、灯具加以更换或清扫。力求保证以下几点:

(1)发现破损或不合适的照明灯具时,要迅速更换。

(2)照明灯具、光源要定期清扫。

(3)作业地点要保持适宜的亮度,配置时不要产生阴影、不要晃眼等。

4. 照明安全变压器

作业地段照明必须使用安全变压器,其容量不宜过大,输入电压为220V,输出电压最好有36V、32V、24V、12V 4个等级,以便按工作面的安全因素要求选用照明电压,并应装有按电源电压下降而能调整的插头。

5. 事故照明设施

在主要通道、竖井、斜井、涌水较大的抽水站、高压变电站等重要地点,应设事故照明装置以确保安全。

思 考 题

1. 在供风、通风与防尘施工时,需要考虑哪些因素?
2. 室内供电与照明施工时,有哪些注意事项?

参 考 文 献

[1] 中华人民共和国行业标准.JTG/T F60—2009 公路隧道施工技术细则[S].北京:人民交通出版社,2009.
[2] 中华人民共和国行业标准.JTG/T D70—2010 公路隧道设计细则[S].北京:人民交通出版社,2010.
[3] 中华人民共和国行业标准.JTG/T F72—2011 公路隧道交通工程与附属设施施工技术规范[S].北京:人民交通出版社,2011.
[4] 肖广智.不良、特殊地质条件隧道施工技术及实例(一)[M].北京:人民交通出版社股份有限公司,2015.
[5] 肖广智.不良、特殊地质条件隧道施工技术及实例(二)[M].北京:人民交通出版社股份有限公司,2015.
[6] 肖广智.铁路隧道施工新技术[M].北京:人民交通出版社股份有限公司,2016.
[7] 朱汉华.公路隧道设计与施工新法及其应用[M].北京:人民交通出版社,2010.
[8] 李德武.隧道[M].北京:中国铁道出版社,2004.
[9] 卢刚.隧道构造与施工[M].成都:西南交通大学出版社,2010.
[10] 卿三惠.隧道及地铁工程[M].2版.北京:中国铁道出版社,2013.
[11] 朱永全,李文江,赵勇.软弱围岩隧道稳定性变形控制技术[M].北京:人民交通出版社,2012.
[12] 朱永全,宋玉香.隧道工程[M].北京:中国铁道出版社,2006.
[13] 关宝树.隧道工程施工要点集[M].2版.北京:人民交通出版社,2011.
[14] 中华人民共和国行业标准.JTG F60—2009 公路隧道施工技术规范[S].北京:人民交通出版社,2009.
[15] 中华人民共和国行业标准:JTG D70/2—2014 公路隧道设计规范[S].北京:人民交通出版社股份有限公司,2014.
[16] 王毅才.隧道工程(上册)[M].2版.北京:人民交通出版社,2006.
[17] 丁文其,杨林德.隧道工程[M].北京:人民交通出版社,2012.
[18] 张庆贺,廖少明,胡向东.隧道与地下工程灾害防护[M].北京:人民交通出版社,2010.